广东省教育科研规划 2021 年度项目"基于新材料的中学历史教学研究"
（课题批准号：2021YQJK312）

ZHONGXUE LISHI XINCAILIAO SHENDU
JIAOXUE YANJIU

中学历史"新材料"深度教学研究

刘 剑 著

·郑州·

图书在版编目（CIP）数据

中学历史"新材料"深度教学研究 / 刘剑著．-- 郑州：河南大学出版社，2022.6
ISBN 978-7-5649-5219-8

Ⅰ．①中… Ⅱ．①刘… Ⅲ．①中学历史课－课堂教学－教学研究 Ⅳ．① G633.512

中国版本图书馆 CIP 数据核字（2022）第 112225 号

责任编辑	张玉梅
责任校对	赵海霞

出版发行	河南大学出版社
	地址：郑州市郑东新区商务外环中华大厦 2401 号
	电话：0371-86059701（营销部）
	网址：hupress.henu.edu.cn　　邮　编：450046
排　版	河南大学出版社设计排版部
印　刷	广东虎彩云印刷有限公司
版　次	2022 年 6 月第 1 版　　印　次　2022 年 6 月第 1 次印刷
开　本	787 mm×1092 mm　1/16　　印　张　12.75
字　数	189 千字　　定　价　49.00 元

（本书如有印装质量问题，请与河南大学出版社联系调换。）

前言
新材料：中学历史教学的新问题域

1925年暑期，国学大师王国维应清华学生会之邀作公开演讲，指出："古来新学问起，大都由于新发见。……自汉以来，中国学问上之最大发现有三：一为孔子壁中书；二为汲冢书；三则今之殷墟甲骨文字，敦煌塞上及西域各处之汉晋木简，敦煌千佛洞之六朝及唐人写本书卷，内阁大库之元明以来书籍档册。"[①]新材料的出现，促进了史学研究的新突破。王国维即利用甲骨文考证《史记》，证明《史记·殷本纪》所载商王世系基本正确，从而让西方承认了商朝的存在。

1989年，全国高考历史卷首次出现新材料试题。所谓新材料，即教材未载、学生未见、考题未用的材料，包括史料和非史料。非史料包含教师开发的新课程资源。新材料的引入，在中学历史教学领域反响强烈，有力推动了教学改革。

1999年6月，中共中央和国务院召开第三次全国教育工作会议，作出关于深化教育改革、全面推进素质教育的决定。2001年开始的基础教育课程改革，"试图改变以往课程内容难、繁、偏、旧的倾向和单一的课程结构，构建起能充分体现综合性、均衡性和选择性的新的基础教育课程体系"[②]。与此配套的新课标（实验）教材，采用了大量的史料、图片资料，

---

① 王国维：《最近二三十年中中国新发见之学问》，见姚淦铭、王燕编《王国维文集》第4卷，北京：中国文史出版社，1997年版，第33页。

② 时任教育部基础教育司副司长的朱慕菊为钟启泉主编《学科教育展望丛书》所作的序。参见余伟民主编《学科教育展望丛书·历史教育展望》，上海：华东师范大学出版社，2002年版，第3页。

"材料教学"逐渐在课堂教学中占据主导地位。

有种倾向认为,教学中使用了史料即是"史料教学"。这种看法值得商榷,它实际上应称之为"材料教学"。理由有二:

一是不少课堂运用的是材料,而不是史料。比如分析新航路开辟的动因与条件,下面三则材料经常出现:

材料一 那时的西欧是无可匹敌的,它拥有向外猛冲的推动力——宗教动力、思想骚动、经济活力、技术进步和有效地动员人力物力的民族君主国。①

——[美]斯塔夫里阿诺斯《全球通史——1500年以后的世界》

材料二 在伊比利亚半岛,历时8个世纪之久的再征服运动到15世纪逐渐结束。西班牙和葡萄牙先后完成了政治统一进程,建立起中央集权的专制统治,具有相当雄厚的物质力量和必要的组织能力。封建国家为了扩大贸易,增加财源,进而发动海外掠夺,对开辟新航路予以必要的支持,提供了重要条件。②

——朱寰《世界上古中古史》下册

材料三 15世纪西欧各国商品经济的发展和资本主义生产关系的萌芽,导致自然经济日趋解体,作为普通交换手段的货币,不仅是社会财富的主要象征,而且也日益成为衡量社会地位和权力的重要标志。因此社会各阶层人士无不醉心于搜寻黄金和财富,视之为改变命运的关键所在。③

——王斯德主编,沈坚、金志霖著《世界通史 第一编 前工业文明与地域性历史:1500年以前的世界》

---

① [美]斯塔夫里阿诺斯著,吴象婴、梁赤民译:《全球通史——1500年以后的世界》,上海:上海社会科学院出版社,1999年版,第32页。
② 朱寰主编:《世界上古中古史》下册,北京:高等教育出版社,2010年版,第253-255页。
③ 王斯德主编,沈坚、金志霖著:《世界通史 第一编 前工业文明与地域性历史:1500年以前的世界》,上海:华东师范大学出版社,2001年版,第368页。

此类材料均不是史料,是现代学者对新航路开辟动因及条件的各自认识,只能算作材料。若要运用史料来分析,可以这样设计:

材料一

哥伦布致西班牙国王和王后书

(1503)

最高贵和有权威的君主,国王与王后陛下:从加第斯到加纳黎的航程共历四天,从加纳黎到西印度群岛(即我写信的地方)历时十六天。我的目的是,当拥有这批好船、好船员和充足储备时,我要尽力加速航行。因为牙买加是我航行的目的地。这封信是在多米尼加(即今多明各——译者)写的。直到目前,我的时间都忙于收集情报……

有一件事我敢陈说的:因为这件事情是有许多见证人,即在刚抵达委拉瓜(委内瑞拉)的头两天,我曾见到比我在埃斯潘诺拉四年中所见到的黄金还多得多,此地有独一无二的、世上再也没有比此更肥沃更宜于耕种的土壤,也没有一个地方比这里的居民更胆怯;加以此间有一个优良的海港,一条美丽的河流,而且全境是非常便于设防的。这一切都有利于保障基督徒的安全,和保持他们主权的永久性,同时它还给基督教带来发扬光大的希望;再说到此间的路程,和到埃斯潘诺拉的路途都是很短的,因为来这里航程中必遇顺风。陛下可以统治此间,如同统治寿来兹或托利多一样,陛下的船只可自由驶行此间,犹如进入陛下自己的皇宫一样。……

热那亚人、威尼斯人和其他国家的人们,凡有珍珠宝石或其他名贵物件的人们,都走遍天涯海角去交换黄金。黄金是一切商品中最宝贵的,黄金是财富,谁占有黄金,谁就能获得他在世上所需的一切。同时也就取得把灵魂从炼狱中拯救出来,并使灵魂重享天堂之乐的手段。①

——齐思和、林幼琪选译《中世纪晚期的西欧》

---

① 齐思和、林幼琪选译:《中世纪晚期的西欧》,北京:商务印书馆,1962年版,第37—42页。

材料二 关于达·伽马航行（1497—1499年）的佚名笔记

1. 1497年葡萄牙王麦纽尔派遣四只帆船出去，找寻香料来源地。达·伽马担任这船队的司令。

37. ……我们向东航行，横渡那大海湾，即是……红海所注入的海湾……而在5月17日，星期五，经过二十三天航行茫无涯际的大海之后，我们望见了陆地……此后我们就到达卡利库特城……我们的司令派遣一个人进城。他在城内被引导去见两个出身于突尼斯，而能说卡斯提尔语和热那亚语的摩尔人。他们第一句见面的话便是"什么恶魔带领你们到这里来啦"！可是，他们随即询问我们在这样遥远的地方要找寻什么东西。于是他回答说，"要找寻基督徒和香料"。……此后，他们以麦饼和蜜糖款待他，然后带领他回到船上来。其中只有一个摩尔人登到船上，所以他扬声喊出："欢迎，欢迎！有好多红宝石，有好多绿宝石……跪下来感谢上帝，因为他把你们带领到这一个多么富饶的国家里。"我们大家极度惊讶，因为无论如何也没有料到在距葡萄牙这样辽远的地方，还会碰到一个能懂得我们语言的人。

68. 我们逗留在海上，总共三个月缺三天，因为常常碰到无风和逆风，不能行驶。我们海员大家生着重病，牙床肿得很厉害，以致全部牙齿被包住，因而我们不能吃东西；脚也浮肿起来，又在身体上出现了大脓疮，这些脓疮使健壮男人即使没有什么别的疾病，也变为虚弱，以至死亡。因此，在此时期死去者，有三十人（另有很多人早已死去）。最后，每只船上只留剩七八人还能服务，但是都已很不健康。而且，如果这种情况再继续两周，我们不是全部死亡，便是再退回到印度去。须知我们已到了这样地步，即不管什么纪律，都已不复存在了……但是，最后，上帝赐福，给予顺风。好像到了第六天，我们望见陆地了。我们非常高兴，仿佛像看到葡萄牙一样，因为我们大家希望在那里来恢复健康。这是1499年1

月 2 日的事……①

——耿淡如、黄瑞章译注《世界中世纪史原始资料选辑》

此两则原始材料所提供的信息，包含了西班牙、葡萄牙王室的想法，从中可以窥见它们开辟新航路的动机，同时也涉及当时的造船、航海技术及船员所面临的艰难困苦。

二是史料教学是一种专门的教学模式，兴起于20世纪70-80年代的英国，随后流行于欧美发达国家。该模式重视史料收集，通过展示原始史料，重回历史现场，分小组讨论相关问题，从而理解和掌握历史。下面是一节有关美国历史课的片断：

为了深入研究乔治·华盛顿对联邦制的（协议）条款中的不足之处所产生的担忧以及所谓的"谢司叛乱"事件，把整个班级分成六组，并要求每个小组分别阅读一段以下七大文献摘要中最精要的段落。

1. 1785 年 8 月 22 日华盛顿致 McHenry 的信
2. 1786 年 10 月 22 日华盛顿致 Humphreys 的信
3. 1786 年 10 月 31 日华盛顿致亨利·李的信
4. 1786 年 11 月 5 日华盛顿致 Madison 的信
5. 1786 年 12 月 26 日华盛顿致 Knox 的信
6. 1786 年 2 月 25 日华盛顿致 Knox 的信
7. 1786 年 2 月 7 日 Ezra Stiles 致华盛顿的信（附草略的"谢司叛乱"事件发生地地图）

考虑如下问题：
在这些信中可以发现哪些发生在各州的经济问题的线索？
华盛顿所指的"骚乱不安"的真相是什么？

---

① 耿淡如、黄瑞章译注：《世界中世纪史原始资料选辑》，天津：天津人民出版社，1959年版，第146-152页。

华盛顿觉得"谢司叛乱"事件会给美国在外国眼中的形象带来什么样的冲击？①

可以看出，这与国内大多数历史课堂教学不一样。国内所谓史料教学，很多情况下成为史料题的解题教学，这与欧美史料教学出入很大。王德民分析中美历史教学的学科素养关注点差异后指出："中国历史教学注重对史实性知识的理解，历史课堂虽有史料教学，但主要侧重于史料真伪考辨、史料有效信息提取与印证，即使有对史实性知识的想象，更多的也是对涉及历史人物、事件、制度等的意义或影响的感受与掌握，其实质仍是基于史料的、发现和印证更为具体的史实性知识的接受式教学。"②造成这种情况的原因有三：其一，国内教学班人数比较多，难以开展小班教学，加上教学时间紧张，忙于赶进度，课堂教学只能以教材内容为主，提供有限材料，让学生简单思考、讨论，完成教学目标；其二，国内教学忽视培养学生搜集和整理史料的能力，史料基本由教师提供，而且教师自身史学素养有待提高，如引用史料不加鉴别，不注明材料出处，选用史料过于单一，史料与结论分离等；其三，不重视培养学生证据意识的方法，如"1. 编写第二手的资料，2. 分类，3. 考虑错误与矛盾之处，4. 适当的史料，5. 探查工作，6. 概述史料，7. 转述史料，8. 质疑，9. 推断作者，10. 运用史料"③等，通常是解说式地运用史料，而不是批判式地运用。因此，国内教学称为材料教学比较合适。

2014年3月，教育部印发《关于全面深化课程改革 落实立德树人根本任务的意见》，将核心素养体系置于深化课程改革、落实立德树人目标的基础地位，作为新一轮课程改革的关键因素。2017年《普通高中历史课

---

① 吴朝阳：《美国历史教学特点初探——以〈George Washington〉教学设计为例》，《中学历史教学》2006年第1-2期合刊，第79页。
② 王德民：《中美历史教学的学科素养关注点差异分析与启示》，《全球教育展望》2015年第8期，第124页。
③ 蒂姆·洛马斯，叶小兵译：《论史料教学》，《历史教学》1998年第2期，第24页。

程标准》颁行，提出培养学生由能力立意转向素养立意。学科素养不仅仅是知识和能力，更重要的是学生在新情境中发现、解决问题的学科专业素质。鉴于学校的历史学习主要聚焦于学生如何发展对历史的认识，历史知识在新情境中的运用，由之亦主要体现于以史料为载体的、对历史人物、事件、制度等的移情理解与对话。如何让核心素养落地，构建"新材料、新情境"的教学与测评模式还有探讨的空间，"新材料"的运用与研究大有可为，是中学历史教学的新问题域。

目　录

第一章　"新材料"内涵的理论多维透视 ……………………………… 1
　　第一节　史学视域中的材料观 ……………………………………… 1
　　第二节　测量视域中的材料观 ……………………………………… 3
　　第三节　历史教学中的材料观 ……………………………………… 8

第二章　"新材料"在中学历史教学背景溯源 ………………………… 22
　　第一节　中国新高考变革的新需要 ………………………………… 22
　　第二节　中学历史课程改革新使命 ………………………………… 24
　　第三节　中学历史教学提质新需求 ………………………………… 26

第三章　"新材料"在中学历史高考中运用探察 ……………………… 29
　　第一节　中学历史高考命题的"新材料"意识 …………………… 29
　　第二节　"新材料"在中学历史高考命题中的渗透举例一 ……… 31
　　第三节　"新材料"在中学历史高考命题中的渗透举例二 ……… 51
　　第四节　"新材料"在中学历史高考中的运用模式 ……………… 60

第四章　"新材料"在中学历史教科书中渗透追寻 …………………… 78
　　第一节　教材与历史教科书 ………………………………………… 78
　　第二节　"新材料"在中学历史教科书中的渗透 ………………… 85
　　第三节　"新材料"在中学历史教科书中的渗透策略 …………… 89

第五章 "新材料"在中学历史课堂教学中的实践探析 97
　　第一节 教学与历史课堂教学 97
　　第二节 "新材料"在中学历史课堂中的讲授运用 111
　　第三节 "新材料"在中学历史课堂中的教学评价运用 128
　　第四节 "新材料"在中学历史课堂中的教学设计举例 130

第六章 中学历史教学"新材料"深度学习展望 147
　　第一节 历史"新材料"教学促进深度学习 147
　　第二节 中学历史教师应重视专业的理论学习 161
　　第三节 中学历史教学"新材料"实践的有意义运用 167

结　语 173

参考文献 175

后　记 189

第一章 "新材料"内涵的理论多维透视

第一节 史学视域中的材料观

史学视域中材料,即史料。何为史料?史学界以"痕迹说"为主流,梁启超说:"史料者何?过去人类思想行事所留之痕迹,有证据传留至今者也。"① 白寿彝认为:"史料,亦即人类社会历史在发展过程中所遗留下来的痕迹。"② 史料如何分类,史学界主要有两种不同看法:

第一种,从史料价值出发,分为直接史料和间接史料,以傅斯年为代表:"史料在一种意义上大致可以分做两类:一、直接的史料;二、间接的史料。凡是未经中间人手修改或省略或转写的,是直接的史料;凡是已经中间人手修改或省略或转写的,是间接的史料。《周书》是间接的材料,毛公鼎则是直接的;《世本》是间接的材料(今已佚),卜辞则是直接的;《明史》是间接的材料,明档案则是直接的。以此类推。有些间接的材料和直接的差不多,例如《史记》所记秦刻石;有些便和直接的材料成极端的相反,例如《左传》《国语》中所载的那些语来语去。自然,直接的材料是比较可信的,间接材料因转手的缘故容易被人更改或加减;但有时某一种直接的材料也许是孤立的,是例外的,而有时间接的材料反是前人精密

---

① 梁启超著:《中国历史研究法》,北京:东方出版社,1996年版,第44页。
② 白寿彝主编:《史学概论》,北京:中国友谊出版社,2012年版,第3页。

归纳直接材料而得的,这个都不能一概论断,要随时随地的分别着看。"①

第二种,以史料存在方式不同,"分为实物史料、文献史料、口碑史料、声像史料四个基本类型"。其中,实物史料,"是指人类在过去的活动中遗留下来的不含文字或含少量文字的残存物,它是历史研究中的第一手资料,其中绝大多数属于考古学所取得的成果",大体包括遗址、墓葬、古建筑、石雕与碑刻、古器物和含文实物;文献史料,"是指以文字记载为主要形式的史料",可分为正史、正史以外诸史、诸子史料、集部史料、《佛藏》《道藏》、类书、公私档案与方志、报刊信函及账簿等;口碑史料,"是指口耳相传的史料",包括口述回忆和口头传说;声像史料,是指"为了史料的长久保存和提高使用的效率,运用现代信息科学的先进技术成就对新旧史料记录、保存、复制、检索,从而形成一种新的史料类型",包括录音带、录像带、电视画面、电影拷贝、各类图片等。②

《论衡·书虚》曰:"世信虚妄之书,以为载于竹帛上者,皆贤圣所传,无不然之事,故信而是之,讽而读之;睹真是之传,与虚妄之书相违,则并谓短书不可信用。夫幽冥之实尚可知,沉隐之情尚可定,显文露书,是非易见,笼总并传,非实事,用精不专,无思于事也。"③可见,文献记载,不可尽信。

故而史学研究的第一要务,是辨别史料真伪。诚如郭沫若所说:"无论作何种研究,材料的鉴别是最必要的基础阶段。材料不够固然成大问题,而材料的真伪或时代性如未规定清楚,那比缺乏材料还要更加危险。因为材料缺乏,顶多得不出结论而已,而材料不正确便会得出错误的结论。这样的结论比没有更要有害。"④

---

① 傅斯年著:《史学方法导论》,《傅斯年史学论著》,上海:上海书店出版社,2014年版,第3页。
② 姚太中、程汉大主编:《史学概论》,北京:东方出版社,1991年版,第216-327页。
③ 黄晖撰:《论衡校释》(一),北京:中华书局,1990年版,第167页。
④ 郭沫若著:《十批判书》,北京:东方出版社,1996年版,第2页。

第二节 测量视域中的材料观

测量视域中的材料，即用于命制试题的材料。刘芃认为："在测量当中，材料的概念是指在题目当中出现的所有历史材料，这些材料是为回答的问题而设置的。"① 试题中的材料，主要包括：文字材料、表格、图片（含实物照片、漫画及宣传画等美术作品）及地图。其中，文字材料占主体。

与史学视域中的材料不同，测量视域中的材料为测试服务，有其自身特点：其一，由于考试的特殊性，在有限的时间内，学生无法对材料进行一一辨伪，因此测量视域的材料不能虚假，必须具有真实性。不过，假若专门考察学生的辨伪能力，则另当别论。其二，测量视域中的材料具备有效性。"所谓'有效'，是指其一，对于回答具体问题来说是有效的；其二，对于联系所学基础知识是有效的；其三，对于说明、论证是有效的。"② 学生作答时，可以从材料中提取有效或关键信息，并且能与所学知识相联系，进行论证和回答问题。其三，史料很难直接用来命题，因此测量视域中的材料，绝大多数经过改造，从而具有重组性。之所以要改造史料，基于多方面考虑：一是减轻学生负担，减少阅读障碍。原始史料、文章或专著章节篇幅过长，考试时间有限，需要裁减提炼；一些文言文史料、生僻字及外文材料，学生难以理解，需要适当注释或翻译。二是提高学生兴趣，理解难度过大的史料，需要转换成漫画、故事、剧本或图表等。三是考查能力的需要。以 2021 湛江二模·2 题为例：

---

① 刘芃著：《历史学科考试测量的理论与实践》，《刘芃考试文集》，北京：人民教育出版社，2012 年版，第 166 页。
② 刘芃著：《历史学科考试测量的理论与实践》，《刘芃考试文集》，北京：人民教育出版社，2012 年版，第 166 页。

表一

文 献	作 者	内 容
《韩诗外传·菜茹部·卷四》	韩婴	鲁监门女相从绩，中夜而泣，其偶问其故，曰：宋司马得罪于宋，出于鲁，马佚，食吾园葵，是岁吾园亡一半。
《史记·司马相如列传》	司马迁	（相如）尽卖其车骑，买一酒舍酤酒，而令文君当垆（注：当垆即卖酒）。
《后汉书·逸民列传》	范晔	高凤少为书生，专精读书。妻尝之田，曝麦于庭。时天暴雨，而凤持竿诵经，不觉潦水流麦。
《论衡·程材篇》	王充	齐郡世刺绣，恒女无不能；襄邑俗织锦，钝妇无不巧。

表一为有关汉代社会生活的相关记述，可用于说明当时

A. 妇女参与经济活动的现象较为普遍

B. 豪强实力增强激化了阶级矛盾

C. 经济区域分工有利于新技术的推广

D. 察举制推动了重学风气的形成

该题材料来自翟麦玲《汉代女子的经济活动》，《华南农业大学学报》（社会科学版）2005年第1期，第113-118页。试题选取了汉代妇女从事纺织、卖酒、耕田和刺绣相关史料，用以说明汉代妇女参与经济活动的现象较为普遍。为避免阅读量过大，故制成表格；《史记·司马相如列传》"尽卖其车骑，买一酒舍酤酒，而令文君当垆"不好理解，故加入主语"相如"及"当垆"的解释。

测量材料运用不当举例。在命题过程中，材料运用不当，易出问题。试举两例。

【例一】（2017湛江调研·27）清朝乾隆年间，官员刘方霭在奏折中提到了农民"无田可耕，则力佃人田；无资充佃，则力佣自活"的现象。这种现象反映了

A．商品经济较快发展

B．农民对地主的人身依附关系加强

C．先进生产力的推广

D．江南地区资本主义萌芽缓慢增长

此题答案为 D 项。材料取自清朝乾隆十年，礼科给事中刘方霭的《请修补城垣勿用民力疏》。此题的问题有二：一是奏折未提农民"无田可耕，则力佃人田；无资充佃，则力佣自活"现象出现在何地，只是说当时有这种情况，故无法得出"江南地区"；二是雇佣劳动是否意味着资本主义萌芽缓慢增长？

关于中国古代是否存在资本主义萌芽，学术界至今说法不一。邓拓最早提出有关资本主义萌芽问题。"他在1935年以邓云特为笔名发表的《中国社会经济长期停滞的考察》《中国近代资本主义发展过程及其特征》两篇文章中都谈到了资本主义在中国的发展问题。邓拓认为，在西方列强入侵之前，中国就已经产生了'新的社会经济系统的苗芽'，假如没有外国资本主义的入侵，中国封建社会也有可能因为自身所孕育的新的否定因素的发展而崩溃，走上资本主义的道路。但是西方的入侵，使中国这一发展历程被打断，走上了半殖民地半封建继而转向社会主义的发展道路。"① 1973年，有"中国市场经济的先驱者"之誉的顾准，发表《资本的原始积累和资本主义发展》，指出中国没有资本主义萌芽。他认为《共产党宣言》所指的"资产阶级"是 burgher，原意为"市民"或"市民阶级"，是欧洲文明独特的产物，而且即使有了市民阶级，也并不必然从中产生出资本主义。"我们有些侈谈什么中国也可以从内部自然生长出资本主义来的人们，忘掉资本主义并不纯粹是一种经济现象，它也是一种法权体系。法权体系是上层建筑。并不是只有经济基础才决定上层建筑，上层建筑也能使什么样的经济结构生长出来或生长不出来。资本主义是从希腊罗马文明产生出

---

① 赵璐璐：《资本主义萌芽研究与〈中国革命和中国共产党〉——"马克思主义史观与中国道路"之三》，《博览群书》2018年第5期，第16页。

来，印度、中国、波斯、阿拉伯、东正教文明都没有产生出来资本主义，这并不是偶然的。"①

资本主义萌芽问题，是中国史学界着力最多、争议最久的重要问题之一。李伯重在《理论、方法、发展、趋势：中国经济史研究新探》一书中，对其中存在问题作了精辟的阐释，兹摘录如下：

"令人费解的是，随着讨论的进展，大家对这个问题的认识似乎不是越来越一致，反而是分歧越来越大。例如，在资本主义萌芽产生时间的判定方面，在20世纪50年代的第一次讨论高潮中，大致还只有'宋元说'和'明清说'两种；而到80年代的第二次讨论高潮中，却出现了'战国说''西汉说''唐代说''宋代说''元代说''明代说''清代说'等多种说法'百花齐放'的局面。而在资本主义萌芽的具体表现方面，早先多指手工工场，而在后来的一些论著中，'泛萌芽化'的现象却越来越甚，以至形成'十步之内，必有萌芽'的盛况。尽管吴承明等严谨的学者一再告诫'资本主义萌芽不是指一事一物，一店一厂'，但在许多论著中，但凡雇工或市场，都被冠以'萌芽'之名，以至田舍翁多收了十斛麦拿去出卖，小作坊主雇了几个帮工在家织布，都被指为'萌芽'存在之证。马克思曾嘲笑'像摩姆孙那样的人'，在每一个货币经济里都可以发现已有资本主义。然而在我们的资本主义萌芽研究中，'像摩姆孙那样的人'却远非一二。既然百家争鸣到了如此的程度，要达到一种定于一尊的共识，看来不是短期之内可以做到的。"②

统编教材的表述也跟以往不同。初中《中国历史》七年级下册在讲述明清经济时，未提"资本主义萌芽"一词，只是在第19课《清朝前期社会经济的发展》中，说到"当时已出现了比较成熟的手工业工场，其中有

---

① 顾准著：《顾准文集》，北京：中国市场出版社，2006年版，第211-212页。
② 李伯重著：《理论、方法、发展、趋势：中国经济史研究新探》，杭州：浙江大学出版社，2012年版，第6页。

些颇具规模"。① 高中《中外历史纲要》上册第 15 课《明至清中叶的经济与文化》，正文没有提"资本主义萌芽"一词，而是说"明朝后期，在南方一些地区的丝织、榨油、制瓷等行业中出现了新的经营方式，即开设工场，使用自由雇佣劳动进行较大规模的生产。这类情况在清朝继续有所发展。"同时，在"历史纵横"一栏，列举了 17 世纪初苏州丝织业工场手工劳动状况的两则史料，点明"有学者认为，这种生产方式近似于西方资本主义生产关系的早期形态，称之为'资本主义萌芽'"。②

2017 年湛江调研第 27 题的失误，在于"泛萌芽化"，未能充分掌握学术成果。另外，此题也提醒命题者，学术争议问题不宜命题。

【例二】（2003 上海·22）某欧洲文化旅游团在一所中学图书馆参观时问学生："The river can carry a boat, yet, it can turn the boat over as well"，把君主和百姓的关系比作舟和水，这句话最早见于中国哪位古代思想家的著作？这位学生正确的回答是

A．Li Er

B．Zhuang Zhou

C．Meng Ke

D．Xun Kuang

题目中的英语翻译为汉语，即是"水则载舟，水则覆舟"。从现存资料来看，"水则载舟，水则覆舟"最早出现在《荀子》一书是没问题的，此语在《荀子》中共出现两次，分别是在《王制》篇和《哀公》篇。《王制》篇曰："传曰：'君者，舟也；庶人者，水也。水则载舟，水则覆舟。'"③ 此处的"传"作何解？《孟子·梁惠王下》载："齐宣王问曰：'文王之囿，方七十里，有诸？'孟子对曰：'于传有之。'"汉人赵岐注曰："于传文有

---

① 齐世荣总主编，瞿林东、叶小兵主编：《义务教育教科书·中国历史七年级下册》，北京：人民教育出版社，2016 年版，第 97 页。

② 张海鹏、徐蓝总主编，张帆、李帆主编：《中外历史纲要》上册，北京：人民教育出版社，2019 年版，第 84 页。

③ [清] 王先谦撰，沈啸寰、王星贤点校：《荀子集解》上册，北京：中华书局，1988 年版，第 152-153 页。

是言。"唐儒孔颖达疏云："书传之文有是言。"① 清人焦循《孟子正义》释"传"为"传述为文"，② 可见"传"应释为"文字记载"或"古书"③ 为宜，《哀公》篇则云："孔子曰：'……且丘闻之：君者舟也，庶人者水也。水则载舟，水则覆舟；……'"④ 看来孔子也说过"水则载舟，水则覆舟"，但是此语的发明权也不属于他，因为他是"闻之"。所以，《荀子》一书只是转述了"水则载舟，水则覆舟"这句话，此语似应经过了历代的传承，谁最早说过已难考证，最早记录此语的古书也已亡佚不存。据此，该题的设问改为"这句话最早见于现存哪部著作？"选项改为《老子》《庄子》《孟子》《荀子》，似乎妥当一些。

第三节　历史教学中的材料观

材料，《现代汉语词典》（第7版）释为"写作、创作、研究等所依据的信息""可供参考的信息"等⑤；《辞海》（1979年版）缩印本释作"泛指一般供参考用的资料"。⑥ 由此，历史教学材料，即所有用于教学的资料，这些资料必须包含可供教学活动的信息。

历史教学材料服务于教学目标，受其限制，表现出与史料、测量材料不同的特点：其一，历史教学材料取材广泛，包括史料和非史料，因而具有广博性。所谓非史料，是指与教学内容相关的影视作品、学生漫画、虚

---

① [清]阮元校刻：《十三经注疏》下册，北京：中华书局，1980年版，第2674页。
② [清]焦循撰，沈文倬点校：《孟子正义》上册，北京：中华书局，1987年版，第106-107页。
③ 杨柳桥著：《荀子译诂》，济南：齐鲁书社，1985年版，第200页。
④ [清]王先谦撰，沈啸寰、王星贤点校：《荀子集解》下册，北京：中华书局，1988年版，第544页。
⑤ 中国社会科学院语言研究所词典编辑室编：《现代汉语词典》（第7版），北京：商务印书馆，2016年版，第118页。
⑥ 辞海编辑委员会编：《辞海》（1979年版）缩印本，上海：上海辞书出版社，1980年版，第1256页。

拟人物故事、仿古实物、时政新闻、不同时期不同学者"一家之言",等等,此类材料无须辨别真伪,皆可取而用之,以实现特定教学目标。其二,历史教学材料必须包含可供教学活动的信息,因而具有针对性。不同学段、年级教学要求的不同,地域、城乡之间的差异,导致选择教学材料,因人而异。学生理解能力强,选用难度大的材料;反之,选择易于理解的材料。不可不顾学情,滥而用之。其三,教学材料需要进行改造,以适合教学,因而具有整合性。比如,字数增删、图片及视频处理等。文字材料的处理,一是帮助学生理解,二是方便学生阅读。有些教师的课件,字数过多,放在 PPT 里,字显得非常小,阅读极其困难,故而需删除部分无关紧要内容,以放大字体;图片材料的处理,包括清除水印、突出信息(如里面的文字)、增强清晰度等;视频材料,受课堂时间限制,需要进行剪辑、编辑。

《论语·卫灵公》曰:"工欲善其事,必先利其器。"[1] 材料是历史教学的利器,用得好,事半功倍;反之,事倍功半。运用材料开展教学,须注意以下原则。

第一,主体性原则。历史充满人文关怀,普通高中历史课程,"是在义务教育历史课程基础上,进一步运用历史唯物主义观点,以社会形态从低级到高级发展为主线,展现历史演进的基本过程以及人类在历史上创造的文明成果,揭示人类历史发展的基本规律和大趋势,促进学生全面发展的一门基础课程。"[2] 传统教学突出教师讲授,强调要学生学;新课程教学则提倡学生是教学主体,强调学生要学,让学生成为学习的主人。因此,教师应该充分发挥学生的主体作用,尊重学生的主体地位,满足学生的主体需要。但在实际教学中,教师极容易忽视学生实际,一不小心即"目中无人"。在讲述秦代推行郡县制时,笔者设计了一道探究题:

---

[1] [清]阮元校刻:《十三经注疏》下册,北京:中华书局,1980年版,第2517页。
[2] 中华人民共和国教育部制定:《普通高中历史课程标准》(2017年版2020年修订),北京:人民教育出版社,2020年版,第1页。

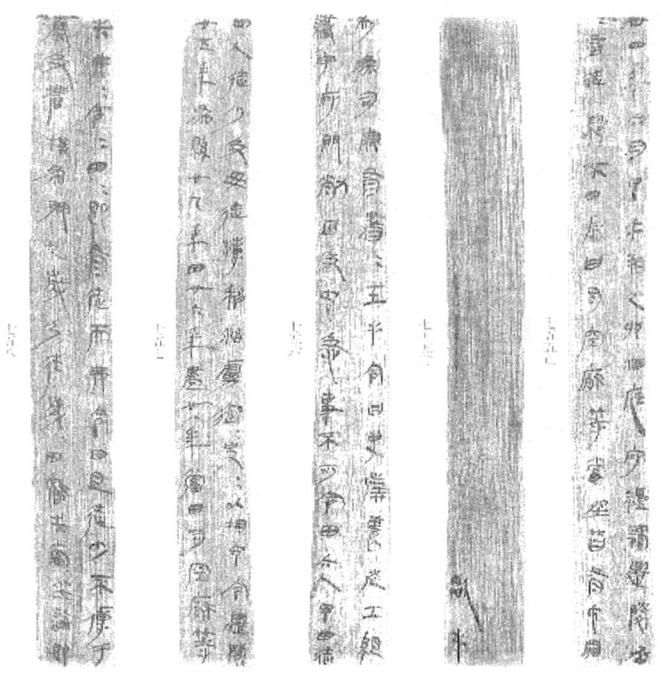

释文：卅四年六月甲午朔乙卯，洞庭守礼谓迁陵丞：丞言徒隶不田，奏曰：司空厌等当坐，皆有它罪，……今迁陵廿五年为县，廿九年田廿六年尽廿八年当田，司空厌等失弗令田。弗令田即有徒而弗令田且徒少不傅于奏。及苍梧为郡九岁乃往岁田。厌失，当坐论，即如前书律令。……以沅阳印行事。①

——陈伟《里耶秦简牍校释》第一卷

湖南龙山里耶古城出土了大量简牍，据考证是秦代地方政府档案。上图是其中的一份文书，请写出你找到的信息，并加以说明。

参考答案：卅四年：公元前213年，说明秦朝已经建立；洞庭守、迁陵丞、苍梧郡、迁陵县：说明实行了郡县制；字体：小篆，说明"书同文"；等。

---

① 陈伟主编：《里耶秦简牍校释》（第一卷），武汉：武汉大学出版社，2012年版，第217页。

课堂上出示此题，本以为是新材料、新情境，未料学生面面相觑，应者寥寥。问题出在，古文材料超出了学生的理解力，没听过"卅四年"是秦始皇纪年，不清楚"洞庭守礼""迁陵司空"等是什么。教学效果可想而知。"没有'人'的历史教学，往浅里说，干瘪空洞，无法激起学生学习的兴趣；往深处说，失魂落魄，有悖于历史教学的真谛。在历史教学中，发现本应存在的'人'，是正本清源之举。"①

学生因在教学中居于主体地位，而成为解读历史的人。所以，材料要符合学生的认知能力。初中生应倾向采用实物、易于理解的文字材料，高中生则应运用理论性较强、需一定阅读能力的一手材料。对于同一年级不同层次的学生，亦如此。另外，还要重视学生的生活经验。"解读历史离不开生活经验。……学生之所以能够理解历史，是因为他们具有一定的生活经验。但是，具有生活经验，并不当然意味着能够理解历史。未受教育者也具有生活经验，但是他们往往把历史等同于故事。因此，理解历史尚需掌握专门的能力与方法。在历史教学中，教师的职责是在了解学生生活经验的基础上，传授解读历史的方法，在学生的生活与历史之间架起一座桥梁。如果教师不是铺设桥梁，而是直接将自己理解的历史告诉学生，其后果不外是：学生仍然停留在此岸，而历史远在彼岸。"②因此，如何突出学生的主体地位，做到材料运用得详略得当，是材料教学成功的一个关键。

第二，严谨性原则。梁启超指出："史料为史之组织细胞，史料不具或不确，则无复史可言。"③可见史料真伪的重要性。所以，运用材料开展教学，首先要鉴别材料，挑选没有错误且适合的材料组织教学。一般来说，教材图片真实可靠，可放心使用。但百密难免一疏，比如下图④：

---

① 张汉林：《在历史教学中发现"人"》，《教育学报》2016年第2期，第27页。
② 张汉林：《在历史教学中发现"人"》，《教育学报》2016年第2期，第31页。
③ 梁启超著：《中国历史研究法》，北京：东方出版社，1994年版，第44页。
④ 人民教育出版社、课程教材研究所历史课程教材研究开发中心编：《普通高中课程标准实验教科书·历史必修二》，北京：人民教育出版社，2007年第3版，第4页。

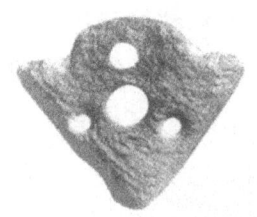

关于这个石犁，教材及教师教学用书均未作说明。此犁四孔，不知何用，于是翻阅资料，寻求答案。但查来找去，均无与之相同者。查《中国农业考古图录》，里面有一个石犁与其外形十分相似（见图一），但是只有三孔。该书介绍此犁为"新石器时代（良渚文化）石犁，上海松江广富林出土"。① 此介绍过于简略。幸好《上海考古精萃》一书亦收录了此石犁，并对其进行了比较详细的介绍："凸底石犁，良渚文化，1961年松江广富林遗址出土。高15厘米，底宽17.5厘米。等腰三角形，两腰磨出单面刃，犁身钻有一大二小三孔，底弧突出，嵌入犁床，可减少前推石犁时的晃动。"（见图二）② 参阅出土石犁的相关资料，发现上海松江广富林遗址出土有四孔石犁，其形状与教材石犁不同，四个孔在一条直线上（见图三）③；而且全国其他地方出土的四孔石犁均与教材石犁形状不相吻合。从形状、石头纹路及位于石犁中部的三孔来看，教材石犁应为上海1961年松江广富林遗址出土石犁无疑，但不知何故变成四孔。

如果课堂须讲石犁，可以采用更具有历史价值的石犁。比如，上海松江区汤庙遗址1980年出土的单孔石犁（见图四），④ 因其"是全国发现最早的两件石犁之一，它的发现，证明崧泽文化时期已经出现犁耕"。⑤ 崧泽文化距今约5800—4900年，是新石器时代母系社会向父系社会过渡阶段，汤

---

① 陈文华编著：《中国农业考古图录》，南昌：江西科学技术出版社，1994年版，第225页。
② 上海文物管理委员会编：《上海考古精萃》，上海：上海人民美术出版社，2006年版，第101页。
③ 上海博物馆考古研究部：《上海松江区广富林遗址2001—2005年发掘简报》，《考古》2008年第8期，第18-19页。
④ 陈文华编著：《中国农业考古图录》，南昌：江西科学技术出版社，1994年版，第224页。
⑤ 上海市文物保管委员会：《上海松江县汤庙村遗址》，《考古》1985年第7期，第594页。

庙石犁证明当时已进入犁耕阶段。或者采用2003年浙江平湖市庄桥坟良渚文化遗址出土的带木质犁底、组合式分体石犁，"犁通长106厘米，石犁头由三部分组成，通长51厘米、通宽44厘米，犁头的尖端部分呈等腰三角形，有三个穿孔，宽24厘米，犁头的两翼长29厘米，一翼前端宽8.5厘米、后端宽16.5厘米，另一翼前端宽12厘米、后端宽19厘米。……木犁底部分长84厘米，其中镶于犁头部分长29厘米，犁头后部残存55厘米，最宽处21厘米，在尾端有装置犁辕的榫口，残长15.6厘米、宽8厘米、深0.8厘米。这是目前发现年代最早的带木质犁底的石犁。经观察，石犁头部分有使用的痕迹。……推测像这样1米多长的大石犁，只有用牛等大型的牲畜才能牵引，后面应有掌辕的人。这件石犁使用时所占用的前后间距有3—4米，据此我们可以大体估算良渚时期的水田面积。这种带木质犁底的石犁是史前考古的新发现，为研究农业史的发展提供了很重要的实物资料。"（见图五）①足见此石犁的重要性。

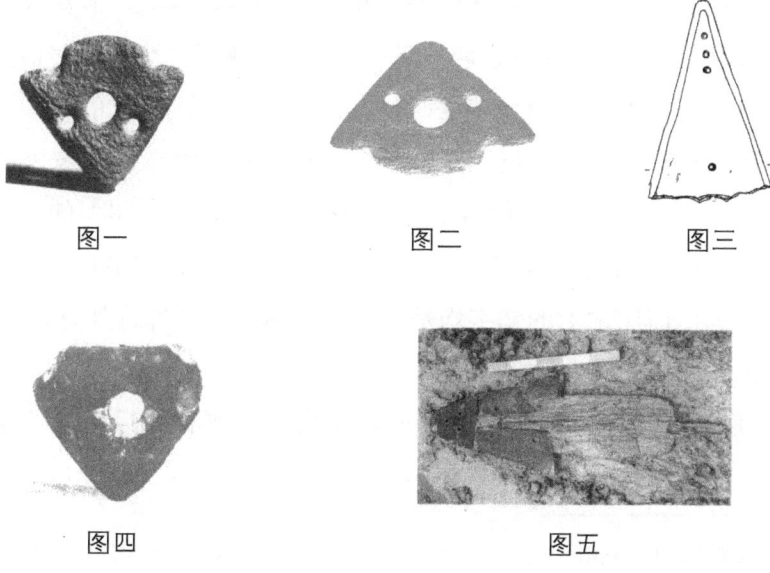

图一　　　　　图二　　　　　图三

图四　　　　　图五

---

① 浙江省文物考古研究所、平湖市博物馆：《浙江平湖市庄桥坟良渚文化遗址及墓地》，《考古》2005年第7期，第13-14页。

此外，有些常用的所谓史料也有问题，如《废井田开阡陌》图片：

在商鞅变法教学中，此图广为运用。它其实是人造史料，但因极似汉代画像石，仿制很成功，许多教师误为珍贵文物。《九年义务教育三年制初级中学〈中国历史〉第一册教师教学用书》将其题名为《农民正在掘开田地上的纵横疆界》，并附有说明："这幅画是中国历史博物馆仿照汉代画像石的风格创作的，描写商鞅变法时候农民正在掘开田地上的纵横疆界。"① 据《中国历史教学参考图集》上册所载，此画是"1956年张友民作"。②

仔细观察，此图仍有纰漏。冯一下指出："第一，图上的文字，其字体接近魏碑体，而不是典型的汉隶。第二，中国古代文字是从上到下，从右到左排列，而图像上的文字均是从左到右横排，这种排列方式是20世纪50年代以来才流行起来的。"③

的确，将东汉武梁祠画像石拓片《武氏祠前石室后壁东段承檐石画

---

① 人民教育出版社历史室编：《九年义务教育三年制初级中学〈中国历史〉第一册教师教学用书》，北京：人民教育出版社，1992年版，第78页。

② 中国历史博物馆群工部编：《中国历史教学参考图集》上册，上海：上海教育出版社，1983年版，第46页。

③ 冯一下：《要慎重地选择和使用图像——商鞅变法教学反思》，《中学历史教学参考》2006年第7期，第11页。

像》（局部，见下图）①与之对比，其纰漏显而易见。

除字体及其排列方式有误外，还有两处可商。首先，"废井田"的表述是否正确。西汉司马迁《史记》中涉及商鞅变革田制的记载都是"为田开阡陌"，而不是"废井田"。如《秦本纪》载："为田开阡陌。"②《秦始皇本纪》云："昭襄王生十九年而立。立四年，初为田开阡陌。"③《六国年表》曰："为田开阡陌。"④《商君列传》载："为田开阡陌封疆，而赋税平。"⑤东汉班固《汉书》里亦无"废井田"的表述，采用的是"坏井田"或"除井田"。如《食货志上》载："秦孝公用商君，坏井田，开仟伯。"又载西汉董仲舒语："至秦则不然，用商鞅之法……除井田。"⑥"废井田"的表述在两汉之际没有出现，那么它出现于何时呢？似乎到了唐代才出现，见杜佑《通典·食货一》载"故废井田，制阡陌，任其所耕，不限多少"。⑦其次，"阡陌"二字的写法是否正确。以"阝"为偏旁的"阡陌"在汉代是否已经出现，值得怀疑。有人指出："《说文解字》中还没有'阡陌'这

---

① 中国画像石全集编辑委员会编：《中国画像石全集》第一卷，济南：山东美术出版社、郑州：河南美术出版社，2000年版，第19页。
② [汉]司马迁撰：《史记》第一册，北京：中华书局，1982年版，第203页。
③ [汉]司马迁撰：《史记》第一册，北京：中华书局，1982年版，第290页。
④ [汉]司马迁撰：《史记》第一册，北京：中华书局，1982年版，第723页。
⑤ [汉]司马迁撰：《史记》第七册，北京：中华书局，1982年版，第2232页。
⑥ [汉]班固撰，颜师古注：《汉书》第四册，北京：中华书局，1962年版，第1126页。
⑦ [唐]杜佑撰：《通典》一，北京：中华书局，1988年版，第6页。

两个字。"① 此言过于绝对。现行的《说文解字》有两个版本——大徐本和段注本，其中的大徐本录有"陌"字而无"阡"字，段注本则两字皆无。众所周知，《说文解字》由东汉许慎编撰，是我国第一部以六书理论系统地分析字形、解释字义的字典，集中反映了汉代学者对文字形音义的研究成果。《说文解字》对"阡陌"的收录情况，似乎说明这两个字应是汉代之后才流行的写法。因此，图中"阡陌"二字有问题。那么，两汉之际的"阡陌"写法如何呢？罗振玉《贞松堂集古遗文》卷十五"汉·铅券"条录有《樊利家买地铅券》（现藏日本中村书道博物馆，右图为其拓片局部），② 其铭文刻有："光和七年（即公元184年，东汉灵帝年号）……买石梁亭部桓千东比是佰北田五亩"句，杨树达谓："'桓千东比是佰北田五亩'十字当连读，'是佰'者，陌名，……桓千东比是佰北田五亩者，谓桓阡之东连接是陌之北田五亩也。"③ 可见，券中的"桓千""是佰"是阡陌的名称，说明当时的"阡陌"应写作"千佰"。1975 年湖北云梦出土的睡虎地秦简《法律答问》中有"'封'，即田千佰。"整理者注释曰："千佰，即阡陌。"④ 这批竹简的年代为战国末期至秦始皇时期，由此可知，战国末期"千佰"一词已经出现，直至汉代仍保留此说法。传世文献《说文解字》录有"千""佰"而无"仟"，亦可作为旁证。综上所述，仿汉代画像石"废井田开阡陌"改为"除（或坏）井田，开千佰"似乎更为妥当。

从严谨性原则出发，教学中不能使用过多的二手材料、甚至野史等所谓史料。应尽量使用一手材料，在此基础上配以二手材料。比如，讲

---

① 陈昌远：《商鞅"开阡陌"辨》，《农业考古》1986 年第 1 期，第 46 页。
② 罗振玉编纂：《贞松堂集古遗文》下册，北京：北京图书馆出版社，2003 年版，第 348 页。
③ 杨树达著：《积微居金文说》（增订本），北京：中华书局，1997 年版，第 234 页。
④ 睡虎地秦墓竹简整理小组编：《睡虎地秦墓竹简》，北京：文物出版社，1990 年版，第 108 页。

述"废分封、行郡县"时,峄山碑的碑文里有"追念乱世,分土建邦,以开争理,功战日作,流血于野,自泰古始,世无万数,陀及五帝,莫能禁止",极好地解释了推选郡县制的原因,但是此碑非原石,原石被毁不存,现藏于西安碑林博物馆的峄山碑,乃宋人参照南唐徐弦摹本所刻,形状与原石相差甚远,且字体失真,与秦代小篆风格不尽相同。此外,《史记》亦未记载峄山铭文,所以峄山碑最好不用,应采用琅琊刻石。琅琊刻石残石现藏国家博物馆,仅残存 13 行 87 字,幸赖司马迁在《史记·秦始皇本纪》中完整记录了此文,里面提到"诸侯各守其封域,或朝或否,相侵暴乱,残伐不止"[①],即分封制下诸侯互相攻伐、争战不休,导致百姓不得安宁,为一劳永逸解决这一问题,秦始皇"以为郡县",即改用郡县制,以达到"天下平和"。

第三,典型性或适量性原则。材料的典型性或适量性原则,是谓选取材料时,注意材料本身的简短精练和数量的适度,用代表性材料说明问题。新课堂教学追求有效教学,即"高质量的教学,是在有限的空间、时间和资源状态下追求最大的教学收获的教学,是综合利用各种策略与方法最大限度地提升教学的有效性的教学"[②]。大量引入材料会占用过多时间,与教学任务产生矛盾。在现行通史教学情况下,最好一则材料就能解决一个子目的问题。比如《宗教改革》,可以设计如下:

【展示材料】

27. 他们宣传说,当钱币扔在钱柜中叮当作响的时候,灵魂即会应声飞入天堂。(按此语为教皇利奥十世所派兜售赎罪券特使泰策尔在 1517 年某次弥撒中向听众公开宣称的。)

36. 每一个基督教徒,只要感觉到自己真诚忏悔,就是不购买赎罪券,也同样可以得赦罪或全部免罚。

[①] [汉]司马迁撰:《史记》第一册,北京:中华书局,1982 年版,第 264 页。
[②] 周卫勇主编:《普通高中新课程的理解与行动》,北京:首都师范大学出版社,2004 年版,第 84 页。

86. 又如：教皇是一切富人中的最富有者（他的钱比克里沙士还多），为甚么不用他自己的钱来建造圣彼得教堂，而必须花费可怜的信徒们的钱呢？

——马丁·路德《九十五条论纲》摘录①

阅读材料，结合教材内容，回答问题：（1）概述宗教改革的背景和内容。（2）简析宗教改革的实质及意义。

材料浩如烟海，不能盲目、随意选取，也不可贪多。唯有结合教学主题，围绕教学重点、难点选择典型材料，做到目标明确，有的放矢，才能实现教学目标。

第四，新异性原则。新异性原则是指材料的新颖、独特。史料的"新异性标准"由张荫麟提出，在《中国史纲》自序一中，他认为"新异性"是判断史事重要性的标准之一："每一件历史的事情都在时间和空间里占一特殊的位置。这可以叫做'时空位置的特殊性'。此外它容有若干品质，或所具若干品质的程度，为其他任何事情所无。这可以叫做'内容的特殊性'。假如一切历史的事情只有'时空位置的特殊性'而无'内容的特殊性'，或其'内容的特殊性'微少到可忽略的程度，那么，社会里根本没有所谓'新闻'，历史只是一种景状的永远持续，我们从任何一历史的'横剖面'可以推知其他任何历史的'横剖面'。……我们之所以需有写的历史，正因为我们的历史绝不是如此，正因为我们的史事富于'内容的特殊性'，换言之，即富于'新异性'。众史事所具'内容的特殊性'的程度不一，换言之，即所具'新异性'的程度不一。我们判断史事的重要性的标准之一即是史事的'新异性'。按照这标准，史事愈新异则愈重要。"② 作为面向教学的材料，除了"特殊性"之外，新异性还应体现在能吸引学生，激发学习兴趣，培养思维能力方面。比如下则材料：

---

① 郭守田主编：《世界通史资料选辑》（中古部分），北京：商务印书馆，1981年版，第337-338页。

② 张荫麟著：《中国史纲》，北京：商务印书馆，2017年版，第3-4页。

第一章 "新材料"内涵的理论多维透视

图版一六七（CLXVII）

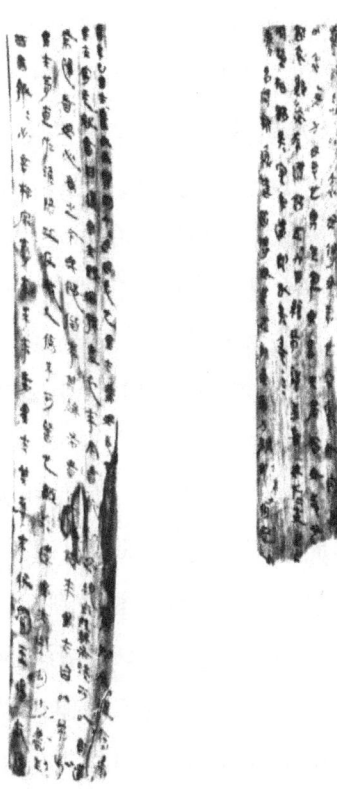

睡虎地秦简木牍11号，正面

释文：二月辛巳，黑夫、惊敢再拜问中，母毋恙也？黑夫、惊毋恙也。前日黑夫与惊别，今复会矣。黑夫寄益就书曰：遗黑夫钱，母操夏衣来。今书节（即）到，母视安陆丝布贱，可以为禅裙襦者，母必为之，令与钱偕来。其丝布贵，徒〔以〕钱来，黑夫自以布此。黑夫等佐淮阳，攻反城久，伤未可智（知）也，愿母遗黑夫用勿少。书到皆为报，报必言相家爵来未来，告黑夫其未来状。……①

——《云梦睡虎地秦墓》编写组 《云梦睡虎地秦墓》

---

① 《云梦睡虎地秦墓》编写组编：《云梦睡虎地秦墓》，北京：文物出版社，1981年版，第26页。

材料展示一封写于战国晚期的家信。信中的黑夫、惊和中是兄弟,其中黑夫与惊正在参加秦灭楚的战争。木牍传递出一个重要信息——黑夫向家里索要衣服、布和钱,反映了秦国没有军饷,士兵需自备衣服及日常生活费用。论者多谓是秦国军力强盛乃商鞅变法"奖励军功"所致,士兵努力杀敌即可晋爵,利禄便来,这应该是事实;但是也应该让学生从中理解,黑夫在信中向母亲请安,对国家不提供军饷的做法没有丝毫微词,是家国情怀的自然流露,同仇敌忾,这也是秦国得以完成统一大业的重要原因。

值得注意的是,"新异"应体现在材料的新颖,而不是怪异,危言耸听或哗众取宠。在具体操作上,不能为博取学生眼球,在课堂上肆意讲述野史、花边新闻,而忽视史料的严谨性。

第五,趣味性原则。所谓"趣味材料"是指让人觉得愉快、因之兴趣盎然的材料。"有趣"应该如何界定呢?刘汝明说:"'有趣',应从材料本身是否有趣和材料是否符合学生兴趣两方面来判断。其中材料是否符合学生的兴趣应该是第一位的。学生经验不同、阅历不同,认定的有趣的标准也不同。老师认为有趣的材料学生不一定感兴趣。"① 从教学实践看,学生比较热衷于故事类(尤其是逸闻趣事)、图片类(特别是漫画)等方面的"趣味材料"。比如,讲到古代罗马时,可以罗马母狼传说导入。

【材料展示】

罗马母狼

---

① 刘汝明:《材料选用"既重要又有趣"的实践性思考——读张元教授〈一课时讲完隋唐史的实验〉有感》,《历史教学》2009 年第 7 期,第 18 页。

罗马钱币,巴黎国家图书馆,纪念章陈列室。据传说,战神马尔斯派母狼到现在罗马的地方,来给罗慕路斯和勒摩斯喂乳。①

——[法]阿尔德伯特(Aldebert.J.)等 《欧洲史》

这些有趣味的材料,如果运用恰当,可一扫教学的枯燥,激发学生的兴趣,保持课堂的生气。但使用"趣味材料"需谨慎,因其随意性,且多为人们所喜闻乐见的,学生也比较喜欢,一不留神即舍本逐末——正史资料不用,专用野史说事;涉及历史人物,则大谈特谈私生活等。材料有趣了,却严重影响教学目标的达成,无法提升教学质量。

"趣味材料"的运用不能忽视对学生的情感、价值观的培养,低级趣味和庸俗趣味不是我们所追求的目标。"'有趣'的内容,应该具有动人的力量,学生非但受到吸引,领悟之后,感到撼动,以至对自己的人生态度有所调整与转化。"② 这样的材料才有意义。

教学是一门艺术,教学中应灵活使用各类材料。用于探究以培养思维的材料,不可随意从网上下载,须辨别真伪,并注明出处;用于激趣、质疑的材料,则可稍为放宽尺度。

---

① [法]阿尔德伯特(Aldebert.J.)等著,蔡鸿滨等译:《欧洲史》,海口:海南出版社,2000年版,第98页。

② 张元:《从"唐太宗帅不帅"谈学历史的"感觉"》,《历史教学》2011年第10期,第13页。

第二章 "新材料"在中学历史教学背景溯源

第一节 中国新高考变革的新需要

2014年9月,《国务院关于深化考试招生制度改革的实施意见》(国发[2014]35号)颁布,要求深化高考内容改革,明确指出:"依据高校人才选拔要求和国家课程标准,科学设计命题内容,增强基础性、综合性,着重考查学生独立思考和运用所学知识分析问题、解决问题的能力。"① 标志着我国新时期新高考推进实施行动②,也带来基础教育领域课程教学评价的巨大影响。

2017年《普通高中历史课程标准》颁布,提出命题以历史课程标准为依据、以考查学科核心素养为目的、以新情境下的问题解决为重心,"学生能否应对和解决陌生的、复杂的、开放性的真实问题情境,是检验其核心素养水平的重要方面。……多维度地创设试题情境,考查学生在新情境下

---

① 国务院:《国务院关于深化考试招生制度改革的实施意见》,[EB/OL].[2014-9-4].http://www.gov.cn/zhengce/content/2014-09/04/content_9065.htm

② 新高考改革政策推行三个时间节点。2010年国家颁布了《国家教育改革与发展中长期规划纲要(2010-2020年)》,概括为"分类考试、综合评价、多元录取",提出要"推进考试招生制度改革,完善高等学校考试招生制度";2013年11月召开的党的十八届三中全会通过的《中共中央关于全面深化改革若干重大问题的决定》,部署我国深化改革的总路线;2014年9月国务院印发《国务院关于深化考试招生制度改革的实施意见》,对新高考改革作出了全面、系统、明确的部署。

如何解决问题，有利于检测和评价学生的历史学科核心素养水平"。① 新课标制定了高中学业质量及标准，要求学业水平等级性考试（即高考）以水平4为命题依据，见下表：②

水平	质量描述
4	能够从生产力与生产关系、经济基础与上层建筑的辩证关系来理解历史上的发展变化和社会形态的演变过程，理解阶级斗争是推动阶级社会发展的直接动力；理解人民群众在历史发展中的重要作用；能够史论结合、实事求是地论述历史与现实问题。 在对历史和现实问题进行独立探究的过程中，能够将其置于具体的时空框架下；能够选择恰当的时空尺度对其进行分析、综合、比较，在此基础上作出合理的论述；能够根据需要并运用相关材料和正确方法，独立绘制相关图表，并加以说明。 能够比较、分析不同来源、不同观点的史料；能够在辨别史料作者意图的基础上利用史料；在评述历史时，能够对材料进行适当的取舍；在对历史和现实问题进行探究的过程中，能够恰当地运用史料对所探究问题进行论述；能够符合规范地引用史料。 能够在独立探究历史问题时，在尽可能占有史料的基础上，尝试验证以往的说法或提出新的解释；能够在正确的历史观和方法论的指导下，全面、客观地论述历史和现实问题。 能够把握中华民族多元一体的发展趋势，以及世界历史发展的进步历程，形成正确的世界观、人生观、价值观和历史观；能够表现出对历史的反思，从历史中汲取经验教训，更全面、客观地认识历史和现实社会问题；能够将历史学习所得与家乡、民族和国家的发展繁荣结合起来，立志为新时代中国特色社会主义建设、中华民族伟大复兴作出自己的贡献。

2019年，教育部考试中心颁布《中国高考评价体系》——高考命题、评价与改革的理论基础和实践指南，提出"一核四层四翼"，见下图：

---

① 中华人民共和国教育部制定：《普通高中历史课程标准》（2017年版2020年修订），北京：人民教育出版社，2020年版，第59页。

② 中华人民共和国教育部制定：《普通高中历史课程标准》（2017年版2020年修订），北京：人民教育出版社，2020年版，第43-44页。

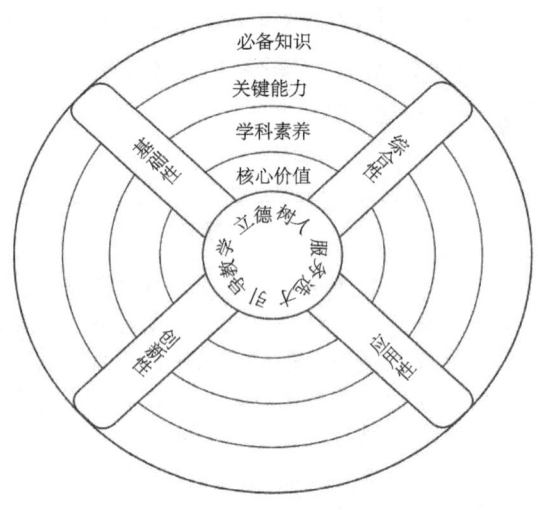

中国高考评价体系①

"一核"是指"立德树人、服务选才、引导教学",阐明高考的核心功能,全面彰显了高考的育人、科学选才及以考促学功能;"四层"是指"核心价值、学科素养、关键能力、必备知识",是高考考查内容,体现了高考的素质教育目标;"四翼"是指"基础性、综合性、应用性、创新性",说明高考考查要求,阐释了"怎么考"的问题。

新课程标准提出创设真实问题情境,要求学生在陌生环境中发现、解决问题。陌生环境即新情境,"新情境"需要"新材料"来营造,它们是一个硬币的两面,离开"新材料","新情境"则无从谈起。因此,如何利用"新材料"科学命题,实现高考的育人、选才及引导教学功能,成为中国新高考变革的新需要。

第二节 中学历史课程改革新使命

教育的核心是课程,"它集中体现了教育思想和教育观念;它是实施

---

① 教育部考试中心制定:《中国高考评价体系》,北京:人民教育出版社,2019年版,第7页。

培养目标的施工蓝图；它是学校组织教育教学活动的最主要的依据。对课程的认识和理解将直接影响乃至决定我们将要教什么、怎么教"。①而基础教育课程改革"承载着党的教育方针和教育思想，是国家意志在教育领域的直接体现，在立德树人中发挥着关键作用"。②因此，课程改革意义重大。

2014年4月，教育部印发《教育部关于全面深化课程改革 落实立德树人根本任务的意见》（教基二[2014]4号），指出："课程改革面临新的挑战。经济全球化深入发展，信息网络技术突飞猛进，各种思想文化交流交融交锋更加频繁，学生成长环境发生深刻变化。青少年学生思想意识更加自主，价值追求更加多样，个性特点更加鲜明。国际竞争日趋激烈，人才强国战略深入实施，时代和社会发展需要进一步提高国民的综合素质，培养创新人才。这些变化和需求对课程改革提出了新的更高要求。当前，高校和中小学课程改革从总体上看，整体规划、协同推进不够，与立德树人的要求还存在一定差距。主要表现在：重智轻德，单纯追求分数和升学率，学生的社会责任感、创新精神和实践能力较为薄弱；高校、中小学课程目标有机衔接不够，部分学科内容交叉重复，课程教材的系统性、适宜性不强；与课程改革相适应的考试招生、评价制度不配套，制约着教学改革的全面推进；教师育人意识和能力有待加强，课程资源开发利用不足，支撑保障课程改革的机制不健全。这些困难和问题直接影响着立德树人的效果，必须引起高度重视，全面深化课程改革，切实加以解决。"③

2017年《普通高中历史课程标准》（2017年版）制定，2020年修订，吸收了2018年9月10日习近平总书记在全国教育大会的重要讲话精神："要在党的坚强领导下，全面贯彻党的教育方针，坚持马克思主义指导地位，坚持中国特色社会主义教育发展道路，坚持社会主义办学方向，立足

---

① 余文森、洪明等编：《课程与教学论》，福州：福建教育出版社，2015年版，第2页。
② 中华人民共和国教育部制定：《普通高中历史课程标准》（2017年版2020年修订），北京：人民教育出版社，2020年版，第1页。
③ 教育部：《教育部关于全面深化课程改革 落实立德树人根本任务的意见》，[EB/OL].[2014-4-8].http://www.moe.gov.cn/srcsite/A26/jcj_kcjcgh/201404/t20140408_167226.html

基本国情，遵循教育规律，坚持改革创新，以凝聚人心、完善人格、开发人力、培育人才、造福人民为工作目标，培养德智体美劳全面发展的社会主义建设者和接班人，加快推进教育现代化、建设教育强国、办好人民满意的教育。"[1]

落实新高考，须推进高中课程改革；推进高中课程改革，则须用好高中统编教材。统编教材的使用，取代了"一纲多本"模式。如何在统编教材下组织教学，解决课程资源开发不足，实现"立德树人"、五育并举，促进学生全面发展、健康成长，建设教育强国，是当前一大课题。而利用"新材料"，围绕"培养什么人、如何培养人、为谁培养人"的培养目标，挖掘其中的育人功能，将是解决"教什么、怎么教、为什么教"的一条路径，是中学历史课程改革的新使命。

第三节　中学历史教学提质新需求

2001年秋季新一轮教改帷幕拉开，"满堂灌"教学模式逐渐被打破。"八仙过海，各显神通"，成果令人欣喜，但也有值得反思之处，归纳起来主要体现在以下现象。

第一，上课闹哄哄，下课两手空。为活跃课堂气氛，充分调动学生，很多教师采取鼓掌以示奖励、历史剧表演、辩论、知识竞赛抢答等形式，让整个教室掌声、笑声、欢呼声声声不绝，热闹非凡。作为一种新的教学尝试，这本身无可厚非，但实际操作存在一些问题，值得思考：比如，鼓掌次数太多，会严重影响教学时间；开展历史剧表演、辩论及知识竞赛抢答时，教学秩序显得混乱无序。这样一来，物极必反，必定影响教学目标达成。新课改教学追求有效教学，如果一阵嘻嘻哈哈的热闹过后，学习效果空空如也，知识、能力一无所获，这种教学的有效性就要打上问号。

---

[1] 中华人民共和国教育部制定：《普通高中历史课程标准》（2017年版2020年修订），北京：人民教育出版社，2020年版，第1页。

第二，新瓶装老酒，换汤没换药。现代教育强调运用现代化教学手段，多媒体教学一跃成为"宠儿"。毋庸置疑，历史教学中采用多媒体的好处十分明显，对于营造历史情境、再现历史场景大有裨益。但由此容易步入一个误区，认为运用了多媒体才符合新课程教学要求，在制作课件时，不管三七二十一，将原来黑板板书统统搬到课件上，同时穿插大量图片及视频。这种做法与新课程教学要求背道而驰，实际又回归原点——"满堂灌"，即"机器大满灌"，只是黑板、粉笔换成了多媒体。事实上，并非所有历史教学都要采用多媒体技术，应该从实际出发，具体问题具体分析。有些课，其教材图片十分丰富，教师无须再作补充；不是重点、难点，不需要采用多媒体，用了可能影响教学效果，一笔带过即可。若能充分挖掘教材资源（包括图片、史料和注解等），围绕课标要求，取舍得当，选取便于学生理解的材料，在黑板上勾勒本课的主要内容、重点问题及答案要点，这样既能解放教师，又可解放学生，一举两得。

第三，观棋不语真君子。传统教学强调要学生学，新课程教学则落实学生要学，"让学生成为学习的主人"。填鸭式教学逐步转向开放式教学，其间也出现了另一极端——"学生讲"完全取代"教师讲"，从上课到下课，学生"一条龙"包干。教师这种站在一旁"观棋不语真君子"的做法值得商榷。新课改背景下，教师不再是单纯的知识传授者，而是教学活动的组织者。教师角色的变化，并非意味着其地位的下降，反而应该得到加强，绝非可有可无。学生毕竟还是学生，在所谓的"自主探究"过程中，突然间失去教师指点和教材结论，有时会茫然不知所措，以致在"合作"过程中钻牛角尖、胡搅蛮缠，严重影响教学活动。离开教师的帮助，很多史料，学生难以理解。其实，孔子早已开出良方，即"不愤不启，不悱不发"。学生最需要帮助之时，教师及时指点迷津，方能保证教学顺利开展。

第四，重视独木，不见森林。新课程教学倡导小组合作学习，营造宽松自由的学习环境，发挥学生学习自主性，"强调一种探求未知世界的过程和能力，以及在此过程中表现出的协作和分享精神"，①以期实现有效学习。然而，有些教学事与愿违。公开课、示范课此类场面屡见不鲜：教师一宣布讨论开始，学生即围聚一起，顷刻间，满教室"嗡嗡嗡"响成一片，只过了两三分钟，随着教师一声"停！"学生马上安静下来，然后由一个代表发言回答问题。由于讨论时间有限，事实上，发言学生表达的仅是其一孔之见，并非小组集体智慧之结晶；对于学困生而言，尚未进入正题，讨论即结束，到头来依旧雾水一头。这种讨论虚有其表，是学优生展示自己才能的舞台；学困生则往往被忽视，失去了思考、表现的机会。学困生常会感叹："热闹是他们的，我什么也没有。"如此一来，小组合作学习变成传统教学另一版本，只是主角由教师换成了学优生，而多数学生并未获得成功喜悦。这里还有个问题：两三分钟能回答的问题，要不要进行探究？或者说值不值得探究？我们以为不值得。探究最好集中于一关键问题，15—20分钟比较合适。假如，教师过于着眼"活动"，流于追求表面活动，会导致"为活动而活动"之弊。

新课标的颁布，教学目标由"三维目标"转向"核心素养"，学科育人功能的强调，要求教学质量更上一层楼。"新材料"教学大有可为，选取适合学生的典型史料，创设问题情境，激趣启智，开展深度学习，能够让学生掌握必备知识、关键能力、学科素养和核心价值，从而达成教学目标。

---

① 杨向阳主编：《高中历史新课程理念与实施》，海口：海南出版社，2004年版，第58页。

第三章 "新材料"在中学历史高考中运用探察

第一节 中学历史高考命题的"新材料"意识

1988年全国高考上海历史试卷，出现一道与众不同的选择题：

16. 公元前596年，鲁国某贵族有封地600亩，另有新开垦的荒地200亩。按规定：
（1）他上交的收获物称为
（A）贡赋　　（B）算赋　　（C）口赋　　（D）赋税
（2）他应该按多少田亩数上交收获物？
（A）800亩　　（B）600亩　　（C）400亩　　（D）200亩

该题一改往常试题的面貌，题干、设问新颖，"新材料、新情境"试题就此闪亮登场。紧接着，1989年全国高考历史出现史料分析题：

四、史料分析（每题2分，共4分）

60.（2分）下文引自魏源的《海国图志》：
"既款之后，则宜师夷长技以制夷。夷之长技三：一战舰，二火器，三养兵练兵之法。……广东互市二百年，始则奇技淫巧受之，继则邪教毒烟受之，独于行军利器则不一师其长技，是但肯受害不肯受益也。"

读后请回答：魏源所表达的基本思想是什么？

61.（2分）阅读下列史料，扼要回答问题。

"第19条，倘藏匿此奴于其家而后奴隶被破获，则此自由民应处死。……第196条，倘自由民损毁任何自由民……之眼，则应毁其眼。第197条，倘彼折自由民之骨，则应折其骨。……第199条，倘彼损毁自由民之奴隶之眼，或折自由民之奴隶之骨，则要赔偿其买价之一半。"

请回答：
①上述规定出自什么文献？
②是谁、在什么时候制定的？
③上列文献反映的阶级实质是什么？

尽管当时只有2题共4分，占全卷100分的1/25，但此后在全国高考中的分值和题目数量逐渐增加。1990年起更名为"材料解析题"，2题10分；1993年2题14分，并且出现了材料与选择题、问答题相结合的题型。

材料题型的出现意义重大。首先，它体现了高考命题改革的方向、思路。1989年的材料解析题"注重在试题中引用原始史料，着重考查考生对史料的甄别和对历史情境的思考，是历史学科能力考查的重要突破"[1]，打破了高考命题的固定僵化模式，注入了新鲜活力。1993年材料与选择题、问答题相结合的新题型，则"补充了材料解析题的不足，克服了它的某些局限性，能够比较灵活、全面和有效地考查以思维能力为核心的初步的史学研究能力。这是高考历史命题改革中一项很有意义的尝试"[2]。其次，它打破了课堂教学的照本宣科模式。材料题型要求学生不仅具有扎实的基础知识，而且具备高阶思维能力，是对课堂教学强调应试能力——"死记硬

---

[1] 徐奉先：《恢复高考40年历史学科考试命题评述》，《中国考试》2017年第10期，第20页。
[2] 国家教委考试命题中心：《1993年高考历史试卷评价报告》，《中学历史教学参考》1994年第3期，第3页。

背""三重三轻"①的拨乱反正，推动了教学改革。

2001年之后，材料题型逐渐取代了之前的问答题等题型，高考命题则要求"重视运用'新材料、新情境'，贯通古今，关联中外，强调与现实生活和社会发展的联系，注重时代性和实践性，鼓励考生从历史中学会思考"②；"命题不拘泥于教科书，试题运用新材料，创设新情境，古今贯通，中外关联，把握历史发展的基本脉络。"③

当前，高考题选用的材料比较丰富，包括文献典籍、历史照片、广告邮票、信件日记、时事新闻、历史著作、学术论文、人物言论、漫画绘画、报纸报道等。选材新颖多样，创新力度大，使卷面更加生动和鲜活，充分发挥了新材料的情境性、开放性、层次性等功能。"通过呈现新材料、创设新情境、设置新问题全面考查学生分析问题和解决问题的能力，已成为高考考试内容改革的趋势，具体表现在4个方面：创设情境的材料使用数量越来越多，依据材料命制的试题形式越来越广，试题要求挖掘材料信息的深度越来越高，材料综合性考查越来越强。"④因此，研究高考命题，必须研究新材料。

第二节 "新材料"在中学历史高考命题中的渗透举例一

一、古文字试题

2007年高考，海南卷和广东卷第1题均让人眼前一亮，原题如下：

---

① "三重三轻"指"重史实轻理论、重知识轻能力、重记忆轻理解"，参见刘芃著《历史教育测量研究》，北京：人民教育出版社，1999年版，第154页。

② 广东省考试中心编：《2007年普通高等学校招生全国统一考试（广东卷）历史科考试大纲的说明》，广州：广东高等教育出版社，2006年版，第1页。

③ 教育部考试中心编：《2019年普通高等学校招生全国统一考试大纲的说明·文科》，北京：高等教育出版社，2018年版，第379页。

④ 杨红丽：《核心素养背景下的历史学科区域命题探索和教学反思——以新情境下的问题解决为例》，《中国考试》2019年第8期，第26页。

（2007年海南单科·1）在殷墟贵族墓葬中发现了许多随葬的贝壳，甲骨文中也有如图1所示的带"贝"的文字。这说明

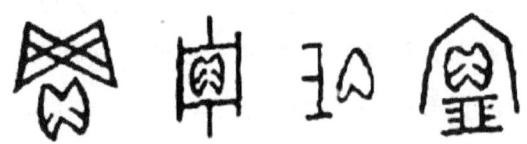

買（买）　貯（贮）　貸（贷）　寶（宝）

A. 贝用于占卜
B. 贝用于祭祀
C. 贝是装饰品
D. 贝是货币

（2007年广东单科·1）下列选项中，能反映商朝农耕生产的是

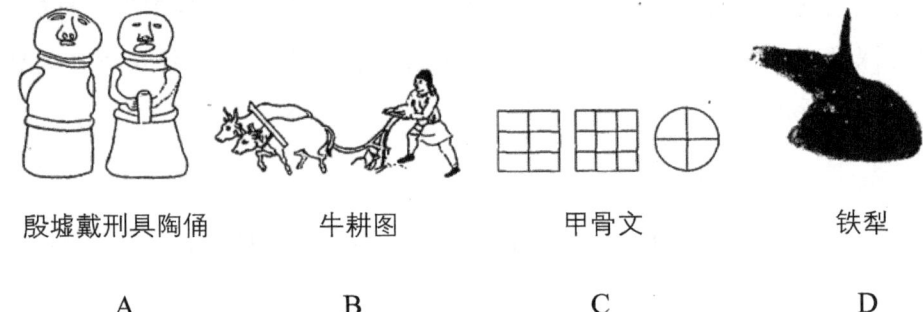

殷墟戴刑具陶俑　　牛耕图　　甲骨文　　铁犁

A　　　　B　　　　C　　　　D

两题均以甲骨文作为切入口考查商代经济内容，要求考生利用材料信息（甲骨文）并结合所学知识作出正确解读，体现了新课程改革要求——考查考生在新情境中解决问题的能力。陈寅恪在《致沈兼士》中说过一句发人深思的话："凡解释一字即是作一部文化史。"[1] 程树德《说文稽古篇·凡例》亦曰："《说文》为汉人所作，其中字义，可以发见汉以前之

---

[1] 陈寅恪：《致沈兼士》，原载于北京大学《国学季刊》五卷三号（1935年），复见于沈兼士著《"鬼"字原始意义之试探》附《陈寅恪先生来函》，《沈兼士学术论文集》，北京：中华书局，1986年版，第202页。

逸史、制度、风俗者不少，亦断代为史之一种。"①意谓一个古文字就是一部文化史，古文字是打开当时社会状况的金钥匙，故而阐释古文字可以论证说明古代的逸史、制度、风俗，这样就可以打破政治、经济、文化模块间的界限，无疑给高考命题提供了一个很好的方向。此后高考屡见类似试题，如2009年辽宁宁夏文综·24的"年"、2012年福建文综·13的"典"、2013年江苏单科·2的甲骨刻符、2014年广东文综·12的"宗"、2015年福建文综·13的"历史"、2016年全国文综Ⅱ·24的"三体石经"、2017年全国文综Ⅲ·24的"车、马"。

此类试题可称之为古文字试题。学术界一般认为汉字字体的演变可以分成古文字和隶楷两个大阶段，但这只是一种粗略的说法。裘锡圭指出："如果把战国晚期到西汉早期划为古文字和隶楷两个阶段之间的过渡阶段，也许更符合汉字字体发展的实际情况。"②那么如何界定古文字呢？《汉书·郊祀志下》云："张敞好古文字。"③张敞之生年不详，卒于公元前48年，是西汉宣帝（前73－前49年在位）时的大臣。可见"古文字"的说法，最迟在西汉宣帝时已出现，不过在当时通常的称谓是"古文"。唐兰指出："因为汉时通行的文字是隶书和小篆，这都是秦并天下以后才兴起来的，所以把秦以前的文字，统叫做古文。"④但他又认为："由文字学的眼光看来，小篆已应放在古文字的范围里去。从隶书到今隶，虽略有异同，总是一脉相传，而小篆却早已不是通行的文字了。"⑤自20世纪70年代以来，随着一定数量的秦和西汉早期简帛出土，专家发现这些早期隶书的形体尚存篆文特点，和成熟隶书差别明显。因此学术界倾向认为成熟隶书之前的汉字才是古文字。如裘锡圭认为："成熟的隶书，字形跟楷书很接近，所以隶书虽然早已为楷书所取代，习惯上却不把它看作一种古文字。"⑥也

---

① 程树德著：《说文稽古篇》，北京：商务印书馆，1957年版，第3页。
② 裘锡圭著：《文字学概论》修订本，北京：商务印书馆，2013年版，第45页。
③ [汉]班固撰：《汉书》第四册，北京：中华书局，1962年版，第1251页。
④ 唐兰著：《古文字学导论》，济南：齐鲁书社，1981年版，第30页。
⑤ 唐兰著：《古文字学导论》，济南：齐鲁书社，1981年版，第31页。
⑥ 裘锡圭著：《文字学概论》修订本，北京：商务印书馆，2013年版，第80页。

就是说，古文字的范围应该是成熟隶书之前的文字，主要包括甲骨文、金文、小篆、早期隶书等。

古文字试题选材角度新颖，传统文化韵味浓厚。然而，古文字离我们过于久远，致使后人的考释众说纷纭、莫衷一是，这对命题者是一个不小的麻烦，容易出现偏用一家之言等不尽如人意之处。

【例一】（2008年广东湛江二模·1）文字的产生是进入文明时代的重要标志，古汉字中包含着丰富的社会历史信息。下列甲骨文反映出的有关商朝政治状况的信息是

众　　囚　　刑　　剮

A．商朝社会阶级压迫非常残酷
B．商朝统治者很迷信
C．商王确立了天下共主的地位
D．商王权威大大超越了夏王

此题材料的问题有二，一是目前一般认为甲骨文中无"刑"字，如徐中舒主编《甲骨文字典》（第3版，成都：四川辞书出版社，2014年版）、刘钊主编《新甲骨文编》（增订本，福州：福建人民出版社，2014年版）均无收录，㓝是金文；二是"众"字的解释，学术界争论较大，主要有三种解释："有人从众字的形体是日下三人，认为是耕者在太阳底下操作，表明了是从事农业生产的奴隶。也有人认为从事田间耕作总要在太阳底下，这一点不足以说明是奴隶。如果从众人的活动来看，他们很可能是自由民。第三种观点则以为众人是族众，包括平民和家长制下的奴隶。从多

生的情况来看，第三种意见的可能性最大。"①目前学术界比较通行的看法是第三种，因此用"众"来说明阶级压迫残酷有点勉强。

【例二】(2008年江苏镇江二模·4) 在下列甲骨文字中描述分封制度的是

A．四手共抬一器皿

B．巡行于通卫以保卫城邑之安全

C．阡陌纵横之农田

D．执干戈以卫社稷

A、B、D三项的考释，学术界的意见大同小异。A项为"興（兴）"字，从四手共抬一器皿（凡凡），凡凡是"凡"字，甲骨文中的"凡"即盘，因此"兴"就是四只手一齐抬起一个抬盘（象长方形的罍，形状似床），故《说文》解释"兴"曰："兴，起也"；B项是"衛（卫）"字，从彳（行）从四止（止，即趾），表示行走的道路，《说文》曰："卫，宿卫也"，故卫有守护、捍卫之意，选项中的"通卫"是指四通八达之大道；D项是"或"字，《说文》曰："或，邦也。从口，从戈以守一。一，地也。""或"即"國（国）"，孙海波说："盖口象都邑之形，从戈以守，国之义也。"②后因许多"小或"合成"大國"，即在"或"外面再加上一个口。分封制下的诸侯国即分布在王畿周围以拱卫中央。C项释为"周"字，已成定论，但对其含义的解释则存在较大分歧，主要有三种说法：其一，农田说。徐

---

① 赵诚编著：《甲骨文简明词典——卜辞分类读本》，北京：中华书局，1988年版，第163页。

② 孙海波：《卜辞文字小记》，《考古》社刊1935年第3期，第60页。

中舒认为："象界划分明之农田，其中小点像禾稼之形。"①其二，周帀（同匝）说。赵诚认为："象周帀封闭之形，似为会意字。"②其三，舟形说。晁福林认为："周与舟相通谐，不仅是由于其古音相同，而且由于它们在造字本义同出一源。"③此题正确答案为D项没有问题，但是C项乃一家之言，用于此处不妥。

【例三】（2016年全国文综Ⅱ卷·24）图3为三国曹魏《三体石经》的残片，经文中的每个字均用先秦古文、小篆等三种字体刻写。这三种字体反映了

图3

A．当时统一文字的努力

B．汉字演变的历史过程

C．当时字体流行的实际状况

D．汉字尚未形成完整的体系

本题的答案是B。学生根据所学知识，再通过材料的信息"三国曹

---

① 徐中舒主编：《甲骨文字典》第3版，成都：四川辞书出版社，2014年版，第94页。
② 赵诚编著：《甲骨文简明词典——卜辞分类读本》，北京：中华书局，1988年版，第143页。
③ 晁福林著：《先秦社会形态研究》，北京：北京师范大学出版社，2003年版，第389页。

魏""每个字均用先秦古文、小篆等三种字体刻写",一般能得出 B 项。但在课堂上与学生探讨此题,在讲解"古文"概念的过程中,发现此题的答案存在问题。

学术界认为,"古文"是汉代出现的一个概念。徐刚《古文源流考》认为:"汉代人所见到的以孔壁中书为代表的'古文',其实是战国时代东方国家的文字。这一点,经过王国维的论证,又为 20 世纪后期的出土发现所证实,今天几乎已经成为常识了。不过,这是狭义的'古文',既包含了时间的限制(战国时代),也包含了地域的限制(东方国家)。另外有广义的'古文',也就是'古文'的本义,泛指秦统一以前的文字。汉代人熟知小篆和隶书,因此,广义的'古文'包括籀文,以及更早的,与籀文属同一系统的西周铜器上的铭文。"[①] 由此可知,2016 年全国文综Ⅱ卷第 24 题采用的是广义的"古文"概念,泛指秦统一以前的文字,所以特地标明"先秦古文"。

三体石经刊立于三国曹魏正始年间,至北魏时已严重损毁,后又经辗转迁徙,历经四五百年后,其原石于唐初已所剩无几。1895－1957 年,残石陆续有出土。1980 年曾宪通撰文说:"总计从宋代至现代所见残石,约得三千字以上,其中古文占三分之一强,可得一千字以上,这个数字虽仅占石经刊立时总数的四十九分之一,但石经的面貌已大体可见,特别是这一千多字的古文,在古文史上尤为可贵。我们曾将此一千多古文加以初步整理,汰其重复,得单字四百四十文,再加粗略分类,得出如下几个数据:

(1) 石经之古文同于《说文》古文者七十文,约占总数百分之十六。

(2) 石经之古文同于《说文》篆文者一百五十五文,约占总数百分之三十五。

(3) 石经之古文同于甲骨文及金文者八十七文,约占总数百分之二十。

(4) 石经之古文同于六国文字者五十六文,约占总数百分之十三。

---

① 徐刚著:《古文源流考》,北京:北京大学出版社,2008 年版,第 1 页。

（5）石经之古文形体讹别不知所从者六十五文，约占总数百分之十五。

……从第三、四项可以看出，石经古文中约有三分之一异于《说文》古文而与甲骨文、金文及六国文字相合，有一部分古文类与甲骨文、金文及小篆不合，而独与战国文字血脉相通。由此证明石经与《说文》一系的古文，确是导源于商周而通行于战国的文字。"①

据此可知，石经古文的主体应是战国文字，而且主要是东方六国的文字。东汉许慎在《说文解字·叙》中说，战国时期"分为七国，田畴异亩，车涂异轨，律令异法，衣冠异制，言语异声，文字异形"。清代段玉裁注曰，所谓"言语异声，文字异形"，即是"各用其方俗语言，各用其私意省改之文字也"②。那么，这里有个问题：《三体石经》里的先秦古文实以战国时期的六国文字居多，由六国文字到小篆能否正确说明汉字演变的历史过程？

战国时期的六国文字不是小篆的直接来源。何琳仪指出："春秋以后，无论是六国，还是秦国的文字，都是由西周晚期整齐化的籀文发展变化而来。因此，所谓'东西土文字'中都可以找到籀文的遗迹。……古文字的发展序列应该是：

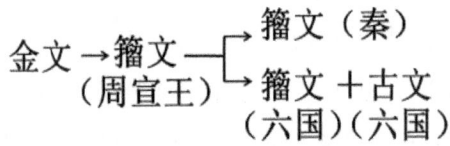

这表明……秦文字和六国文字都是籀文的后裔，籀文也是战国文字的远祖。"③

---

① 曾宪通：《三体石经古文与〈说文〉古文合证》，中国古文字研究会、中华书局编辑部：《古文字研究》第七辑，北京：中华书局，1982年版，第279-280页。

② [汉]许慎撰，[清]段玉裁注：《说文解字注》，上海：上海古籍出版社，1988年版，第757-758页。

③ 何琳仪：《战国文字与传钞古文》，中国古文字研究会、中华书局编辑部：《古文字研究》第十五辑，北京：中华书局，1986年版，第105-106页。

汉代学者对"古文"的定义是什么呢？张富海认为："在《说文解字·叙》中，许慎系统地阐述了他关于文字发展演变的观点。他认为伏羲氏作了八卦，神农氏结绳记事，还没有文字。到了黄帝时代，史官仓颉才初造书契。但仓颉所造是依类象形，谓之文；仓颉之后，形声相益，谓之字。五帝三王，改易殊体，各有不同。到周宣王，太史籀大篆十五篇，与'古文'或异。据此，可知许慎心目中的古文是指从仓颉以来至周宣王之前的文字。这一段时间内的文字虽也有变化，但都是古文。许慎这样看是有他的道理的。他手头有古文、籀文和小篆三种文字，籀文和小篆时代既然已定，把古文排在籀文之前，似乎顺理成章，否则周宣王之前的文字他就无法交待了。其后近两千年，学者对古文的认识基本不出许慎的范围……古文是五帝三王时代的文字，这是许慎对古文的定义，应该也是汉代学者的普遍观点——不相信古文的学者除外。"①

三国曹魏正始年间距汉亡不远，此时学者对古文的理解和东汉许慎的看法应该一致，因此，有理由认为三体石经里的三种字体排列，反映的是当时学者对汉字演变历史过程的认识和看法。该题的正确答案应表述为"当时对汉字演变过程的认识"。

【例四】（2017年全国文综Ⅲ卷·24）图4是西周与战国两个时期相同文字的不同写法，反映出字形发生了变化，促成这一变化的主要因素是

图4

A．文字的频繁使用
B．书写材料的不同
C．各国变法的实施
D．"书同文"的推行

---

① 张富海著：《汉人所谓古文之研究》，北京：线装书局，2007年版，第2-3页。

本题的答案是 A。从题干的表述来看，结合人教版所说文字"演变的总趋势是由繁到简"[①]，给人的感觉是 🚗、🚙 是西周文字，车、马 是战国文字。其实，车、马 在西周时即已出现，而非等到战国时期才有。

🚗字来自于大盂鼎，此鼎现藏中国国家博物馆，为西周早期青铜器。车字见于师同鼎，此鼎于 1981 年 12 月在陕西周原一个青铜器窖藏中出土，腹内壁有铭文 7 行 54 字，见下图：

师同鼎铭文拓片[②]

有趣的是，这篇铭文中出现了车字的两个不同写法：🚗和车，其中的🚗跟🚗相比，略有简化。李学勤认为这两个车字代表不同含义，"'车马五乘'和'大车廿'是两种车。前者大家都知道，'大车'是什么样的车，历来有不同意见。《诗·大车》：'大车槛槛'，传云：'大车，大夫之车。'这是因为《诗序》说《大车》是刺周大夫之诗。《易·大有》：'大车以载'，《正义》：'大车，谓牛车也。'与《毛传》解释不同。云梦睡虎地秦简有几处提到'大车'，其《司空律》有一条说：'及大车辕不胜任，折轴上。'另一条说：'官府假公车牛者……假人所。或私用公车牛，及假人食牛不

---

① 人民教育出版社、课程教材研究所历史课程教材研究开发中心编：《普通高中课程标准实验教科书·历史必修三》，北京：人民教育出版社，2007 年第 3 版，第 46 页。

② 傅升岐：《周原发现师同鼎》，《文物》1982 年第 12 期，第 45 页。

善,牛瘠;不攻间车,车空失,大车轴戾,……'。可见'大车'是一种载重用的牛车,《周易正义》的说法是正确的。鼎铭以'车马'与'大车'分举,是由于它们的用途及所驾牲畜都不一样"。①

师同鼎的年代有两种说法:西周中期偏晚和西周晚期之初,说明車字最迟在西周晚期就已出现。

馬字也是来自于西周早期的大盂鼎。馬字,据学者研究指出:"此籀文,小篆因之,非小篆始有也。……他如齐侯钟、虢季子白盘均作馬。"②虢季子白盘是西周周宣王时期的青铜器(见下图)③,馬与馬极相似,说明馬字最迟在西周晚期就已出现。

据上述可知,車、馬在西周时即已出现,命题者将其理解成战国出现,说明命题者在材料的选择上欠考虑,有点简化处理了。

---

① 李学勤:《师同鼎试探》,《文物》1983年第6期,第59页。此文后收录于李学勤著《新出青铜器研究》增订版,北京:人民美术出版社,2014年版,第97-102页。

② 强运开著:《石鼓释文》上册,上海:上海商务印书馆,民国二十四年(1935年)石印本,第3-4页。

③ 陈梦家著:《西周青铜器断代》下册,北京:中华书局,2004年版,第865页。

这里附带说明一下统编教材七年级上册出现的大篆和小篆。何为大篆？学术界有不同的定义。裘锡圭指出："所谓大篆，本来是指籀文这一类时代早于小篆而作风跟小篆相近的古文字而言的。但是现代研究文字学的人使用大篆这个名称的情况比较混乱。有人用大篆概括早于小篆的所有古文字（古人也有这样用的），有人称西周晚期金文和石鼓文等为大篆（这也是比较旧的办法，由于石鼓有些字的写法跟籀文相合，过去很多人把它看作周宣王时的刻石），有人根据王国维的说法把春秋战国时代的秦国文字称为大篆，唐兰先生则按照他自己的观点把'春秋时到战国初期的文字'称为大篆。为了避免误解，最好干脆不要用这个名称。"① 此说值得参考。

关于小篆出现的时间，教材明确写道："战国时，七国的文字书写各异。秦始皇为消除文字上的差异，命丞相李斯等人统一文字，制定笔画规整的小篆，作为通用文字颁行全国。"② 这似乎来源于许慎的说法："秦始皇帝初兼天下，丞相李斯乃奏同之，罢其不与秦文合者。斯作《仓颉篇》，中车府令赵高作《爰历篇》，太史令胡毋敬作《博学篇》，皆取史籀大篆，或颇省改，所谓小篆者也。"③ 裘锡圭认为："这段话给人这样一种印象，似乎秦始皇用来统一全国文字的小篆，是李斯等人通过对籀文进行简化而制定出来的一种字体。……从有关的古文字资料来看，籀文并不是秦国在统一全中国前夕所用的文字，小篆是由春秋战国时代的秦国文字逐渐演变而成的，不是由籀文'省改'而成的。……传世的新郪虎符和近年发现的杜虎符，都是秦在统一前所铸造的，但是铭文的字体跟统一后的文字简直毫无区别。（图45）总之，春秋战国时代的秦国文字是逐渐演变为小篆的，小篆跟统一前的秦国文字之间并不存在截然分明的界线。……战国时代的

---

① 裘锡圭著：《文字学概要》修订本，北京：商务印书馆，2013年版，第57页。
② 齐世荣总主编，瞿林东、叶小兵主编：《义务教育教科书·中国历史七年级上册》，北京：人民教育出版社，2016年版，2020年第6次印刷，第46页。
③ [汉]许慎撰，[清]段玉裁注：《说文解字注》，上海：上海古籍出版社，1988年版，第758页。

秦国文字是处于变化之中的，异体的存在当然不可避免。秦始皇要用秦国文字统一全中国的文字，首先需要对秦国文字本身作一番整理，拿出一种标准字体来。李斯等人撰《仓颉》等篇，应该就是为这个目的服务的。他们做的是整理、统一的工作，不是创新的工作。钱玄同在为卓定谋《章草考》所作的序里说：'许叔重（许慎字叔重）谓李斯诸人取大篆省改为小篆，实则战国时秦文已如此，可见李斯诸人但取固有的省改之体来统一推行，并非剏（创）自他们也。'这是很正确的。经过李斯等人整理的标准字体，在当时未必会有区别于统一前的秦系文字的专门名称。'大篆'和'秦篆''小篆'等名称应该是从汉代才开始使用的。秦代大概只有'篆'这种字体名称。"① 可见，李斯等制定小篆的表述不甚妥当。

图45　上：新郪虎符

---

① 裘锡圭著：《文字学概要》修订本，北京：商务印书馆，2013年版，第70-72页。

图45 下：杜虎符

二、学术新成果试题

高考命题脱离教材，且命题人多为高校教师，所用材料喜用学术新成果。据黄牧航统计分析，2007—2013年，"这些新成果在历史高考命题中的呈现大致分为五种类型：第一是论点与中学教科书基本一致，但论述得更为全面丰富，如全国卷经常采用的白寿彝总主编的《中国通史》；第二是观点与中学教科书迥然不同或差异很大的，如2013年广东卷引用弗兰克的《白银资本》，这是一本在学术界争议极大的论著，其结论与中学教科书也不尽相同；第三是内容与中学教科书沾边，但研究的思路和方法远非中学师生所能企及的，如2012年广东卷引用冯天瑜的《近代汉字术语创制的两种类型》；第四是中学完全没有全面叙述过的史学理论内容，如史观的研究在高校层面也是众说纷纭，但近年却成为高考命题的热点；第五是高校特有的学术发展史的研究内容，如2013年全国文综二的王安石评价发展史的研究"[①]。

2014年之后的高考命题，作为"新材料"的学术成果依旧活跃，主要表现在以下方面：

第一，材料来源更为广泛，不再局限于历史专业期刊。

---

① 黄牧航：《历史科高考命题中运用学术研究新成果初探——基于2007—2013年高考历史试题的统计分析》，《历史教学》2014年第1期，第10页。

【例】（2018年全国文综Ⅱ卷·41）阅读材料，完成下列要求。

材料 中国是大豆的故乡，甲骨文中就有关于大豆的记载。先秦时期，大豆栽培主要是在黄河中游地区，"豆饭"是人们的重要食物。《齐民要术》通过总结劳动人民长期的实践经验，认识到大豆对于改良土壤的作用，主张大豆与其他作物轮种。唐宋时期的文献中都有朝廷调集大豆送至南方救灾、备种的记录，大豆的种植推广到江南及岭南……从古至今，各式各样的豆制品是中国人喜爱的食物，提供了人体所需的优质植物蛋白。

1765年，大豆引入北美，最初作为饲料或绿肥。19世纪60年代，豆腐在美国开始被视为健康食品。19世纪末，大豆根瘤的固氮功能被发现，在美国干旱地区推广种植。至1910年，美国已经拥有280多个大豆品种。1931年，福特公司从大豆中开发出人造蛋白纤维，大豆成为食品工业、轻工业及医药工业的重要原料。1954年，美国成为世界上最大的大豆生产国，种植面积超过一亿亩。大豆在南北美洲都得到广泛种植，美洲的农田和中国人的餐桌发生了紧密联系。

——摘编自刘启振等《"一带一路"视域下栽培大豆的起源和传播》

（1）根据材料并结合所学知识，概括我国历史上种植利用大豆的特点和作用。（12分）

（2）根据材料并结合所学知识，说明大豆在美国广泛种植的原因。（8分）

（3）根据材料并结合所学知识，简析物种交流的积极意义。（5分）

此题以学生陌生的大豆传播过程作为切入口，从中外物种交流角度，考查了新航路开辟后世界各地联系的加强和人类文明的发展，体现了全国文综卷的一贯特点——重视新材料设计新情境。刘启振等的《"一带一路"视域下栽培大豆的起源和传播》，刊登在《中国野生植物资源》，2017年第3期，第1-6页。《中国野生植物资源》（月刊）是一份综合性科技期刊，由中华全国供销合作总社主管、南京野生植物综合利用研究院主办，关注野生经济植物最新科研成果。对于一线历史教师而言，听说过此刊物的人屈指可数。

第二，学生闻所未闻的新名词，教材根本未提及。

【例】（2021年全国文综乙卷·27）明清时期，"善书"在民间广为流行，这类书籍多由士绅编撰，内容侧重倡导忠孝友悌、济急救危、受辱不怨，戒饬攻讦宗亲、凌逼孤寡等，以奉劝世人"诸恶莫作，众善奉行"。"善书"的流行

  A. 确立了理学思想的主导地位
  B. 强化了社会主流的价值观
  C. 阻碍了官方意识形态的推广
  D. 冲击了儒家经典的神圣性

善书，即以因果报应等劝人为善之书。"是规劝人们'诸恶莫作，众善奉行'的通俗读物。自宋以来善书在民间广为流传，明清时代是善书的鼎盛时代。善书兼容三教思想与民间信仰，包括儒家忠孝节义、道德内省和阴骘观念，佛家的因果报应及道教的积善销恶之说。大多善书的作者是乡绅和士人，有署名著述，也有托名神仙降乩写成。因为善书主要是为劝戒民众行善止恶，所以文字通俗易懂，阐述的内容也力求深入浅出：或用因果事例，或配以插图，或用白话。写成后由善信捐助，多以小册子的薄本形式在社会流通。"[①] 由是观之，善书并非儒家思想专有，还包括佛、道宗教思想。

第三，学术界尚有争议的史料，命题者择一观点而为之。

【例】（2016年全国文综Ⅰ卷·25）图4为汉代画像砖中的农事图。此图可以用来说明当时

---

① 游子安著：《劝化金箴——清代善书研究》，天津：天津人民出版社，1999年版，第1页。

图4

A．个体农户的生产劳作状态

B．精耕细作农业的不断发展

C．土地公有制下的集体劳作

D．大地主田庄上的生产情形

此砖出土于四川德阳，1955年10月由四川省文物管理委员会收集。1956年《文物参考资料》第6期将其作为封面，但未作说明；第7期刊登《在四川德阳县收集的汉画像砖》一文，描述此砖："播种图砖一块，长39、宽24.5、厚6.5厘米。图面共有六人，前面的四人，手执长柄镰（有一人手中所执的上半都已漫漶不清），作用力刈割之状，后面两人，手执圆形器物，作播种之状。图中有用几条线划分出的田畦，背景有三株树木。整个画面充满了农人劳动的积极气氛，是富有舞蹈性的艺术品。"①

1958年于豪亮发表文章，认为："拿着镰刀收割庄稼是不需要一致的动作的，而且田里根本没有长着庄稼，没有必要再拿着镰刀，因此，我以为这是一种舞蹈。在常见的农猎画像砖上，拿着镰刀的两个人动作并不一致，田里也长满了庄稼，和这块画像砖大不相同。……我以为这是一种舞

---

① 四川省文物管理委员会：《在四川德阳县收集的汉画像砖》，《文物参考资料》1956年第7期，第43页。

蹈，并且是祭祀灵星的舞蹈。"① 此言有一定依据，见下图②：

此砖 1972 年出土于四川省大邑县安仁镇，现藏四川博物馆。图中右下角两人手持镰刀，其动作不一致，且身旁长有庄稼。此类画像砖在成都附近出土多块。

之后，学术界出现了几种不同看法。1988 年，罗伟先作了一下梳理："其一，'收获'说。刘志远先生在《考古材料所见汉代的四川农业》一文中，将其定为'收获'图，认为是'研究当时水稻收割及有关问题的宝贵材料'。其二，'收获播种'说。《农业考古》1982 年第 2 期封底也刊载了此砖的拓片，名曰'东汉收获播种画像砖'。其三，'播种'说。近年来有学者们对此砖作了详尽考释，认为它'是一幅农业生活气息浓厚的播种场面'，指出农夫所执之'长条弯形农具''很像汉代钹镰，或称'艾''，并用四川双流县牧马山墓出土的大钹镰与之映证，将这些持镰农夫之动作理解为'芟草拨土'，从而将其归入《播种》画像砖'之列。后来，刘文杰、余德章《记四川有关农业方面的汉代画像砖》一文，再次强调这块画像砖的画像题材是表现了'当时农业的一个真实场面'。最近，高文《浅

---

① 于豪亮：《祭祀灵星的舞蹈的画像砖的说明》，《考古通讯》1958 年第 6 期，第 63 页；后收录于《于豪亮学术论集》，上海：上海古籍出版社，2015 年版，第 314-315 页。

② 吕章申主编：《秦汉文明》，北京：北京时代华文书局，2017 年版，第 103 页。

谈四川汉代画像砖艺术》一文中,亦重申了该观点。"罗伟先经过分析,最后得出结论:"同上述材料相印证,本文所考察的这块画像砖的人物活动场面,也表达了出于祭祀土地和谷物的神祇——社稷而进行象征性集体劳动的内容。从他们整齐的步伐和造作的姿态,可以看出其明显的舞蹈特征。且试名之:《祈报社稷的舞蹈》画像砖。"①

可见,此画像砖在用作命题材料时,命题者未考虑相关学术争论,只是笼统地称之为"农事图"。

第四,教材提及,但答案与教材观点相反。

【例】(2018年全国文综Ⅰ卷·25)据学者研究,唐朝"安史之乱"后百余年间的藩镇基本情况如表2所示。

表2 "安史之乱"后百余年间唐朝藩镇基本情况表

藩镇类型	数量(个)	官员任免	赋税供纳	兵额与功能
河朔型	7	藩镇自擅	不上供	拥重兵以自立
中原型	8	朝廷任命	少上供	驻重兵防骄藩
边疆型	17	朝廷任命	少上供	驻重兵守边疆
东南型	9	朝廷任命	上供	驻兵少防盗贼

由此可知,这一时期的藩镇

A. 控制了朝廷财政收入

B. 彼此之间攻伐不已

C. 注重维护中央的权威

D. 延续了唐朝的统治

此题答案为D项。按教材的说法,安史之乱后,唐朝由盛转衰,逐渐形成藩镇割据局面,到后期藩镇之间互相兼并,唐中央无力控制,最终为节度使朱温所灭。此则材料反映的却是四种类型的藩镇,除河朔型外,官员均由朝廷任免,赋税少上供或上供,给人的印象是朝廷依旧掌控着大多

---

① 罗伟先:《对"收获播种"画像砖的再探索》,《四川文物》1988年第3期,第25—30页。

数藩镇。

此题材料源自张国刚《唐代藩镇研究》，原表如下：①

藩镇类型	主要演变渊源	政治关系	财政关系	军事关系	动乱次数
河朔型	安史残余势力	割据	不上供	拥重兵自擅	65
中原型	战乱中新兴藩镇	不割据	无上供（或少上供）	驻重兵，防骄藩	52
边疆型	开天时缘边节镇	不割据	度支补贴（或少上供）	驻重兵，防边疆	42
东南型	相当于开天时采访使	不割据	赋税之地	驻兵少，防"盗贼"	12

对比上表，可知高考命题者为方便考生作答，颇费了番心思：删学生不易懂的"主要演变渊源"一栏，改为"数量"；变过于直白的"政治关系"栏为"官员任免"；改"财政关系""军事关系"栏为"赋税供纳""兵额与功能"，表述更为通俗；删易与正确答案相冲突、引发争议的"动乱次数"栏。

关于藩镇割据的影响，宋人即已进行过探讨，除了与教材一致的观点外，也有不同声音，《朱子语类·通鉴纲目》载朱熹与学生对话：

问："唐后来多藩镇割据，则如何？"
曰："唐之天下甚阔，所不服者，只河北数镇之地而已。"②

朱熹即认为需区别对待不同藩镇，不服从中央的，只有河朔藩镇。张国刚总结了唐代广德乾符间四类藩镇共发生的一百七十一起动乱，"与中央产生外部冲突的不过二十二起，仅占13%；兵变达九十九起，占60%；节帅杀部下事件十四起，占7%；其余将校作乱等内部火并三十七起，占

---

① 张国刚著：《唐代藩镇研究》增订版，北京：中国人民大学出版社，2009年版，第59页。
② [宋]黎靖德编，王星贤点校：《朱子语类》第七册，北京：中华书局，1994年版，第2636页。

20％。总起来说就是，有87％的藩镇动乱表现出内在的封闭性，80％的藩镇动乱表现出以下替上的凌上性。而魏博牙兵、宣武悍卒、徐州骄兵等等，无一不是以在内部杀逐藩帅的斗争中'变易主帅，有同儿戏'而著迹于史。故清人赵翼说：'秦汉六朝以来，有叛将，无叛兵。至唐中叶以后，则方镇兵变比比而是'，'逐帅杀帅，视为常事'。可见封闭性与凌上性乃是唐代全部藩镇动乱的普遍特征"①。可见，藩镇动乱主要是内部帅位之争，而非对抗中央。

第三节 "新材料"在中学历史高考命题中的渗透举例二

习近平总书记在2018年全国教育大会上强调，要培养德智体美劳全面发展的社会主义建设者和接班人，努力构建德智体美劳全面培养的教育体系。"立德树人"统领服务选才和引导教学，因此高考必须承担育人功能，命题必须服务于德智体美劳全面培养的教育体系。高考命题中与"五育并举"相关的新材料不断涌现。

一、追求健康，热爱体育运动

中国自古重视勇武、强身健体。《论语·宪问》载："子路问成人。子曰：'若臧武仲之知，公绰之不欲，卞庄子之勇，冉求之艺，文之以礼乐，亦可以为成人矣。'"朱熹释："成人，犹言全人。"②在孔子心目中，才全德备方为完美之人，勇武不可或缺。

《中国历史七年级上册》写道："华佗还模仿虎、鹿、熊、猿、鸟五种动物的活动姿态，创编出了'五禽戏'，帮助人们强身健体。"③考古证明，早在东汉末年华佗之前，类似锻炼即已出现。1973年底，长沙马王堆三号

---

① 张国刚著：《唐代藩镇研究》增订版，北京：中国人民大学出版社，2009年版，第61页。
② [宋]朱熹撰：《四书章句集注》，北京：中华书局，1983年版，第151页。
③ 齐世荣总主编，瞿林东、叶小兵主编：《义务教育教科书·中国历史七年级上册》，北京：人民教育出版社，2016年版，第75页。

汉墓出土大批帛书,《导引图》名列其中,填补中国体育史一段空白。根据墓葬纪年木牍"十二年二月乙巳朔戊辰",可推断其成书最晚不过西汉早期——汉文帝十二年(公元前 168 年)。

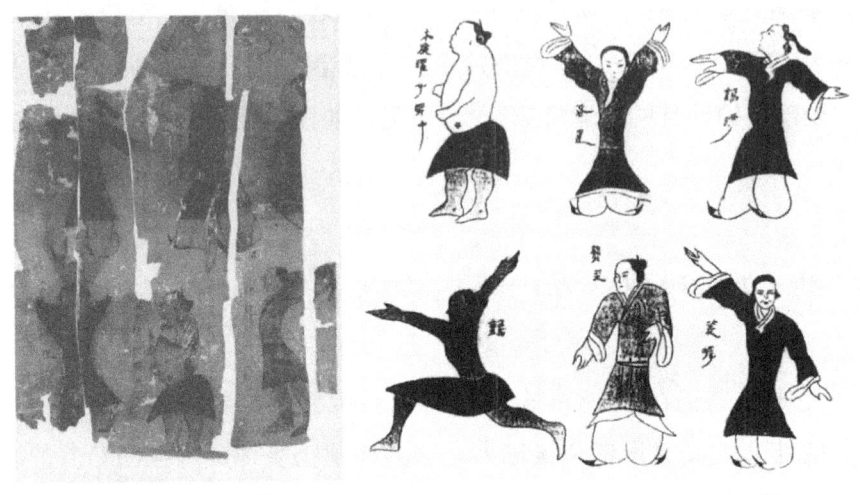

《导引图》局部①　　　　《导引图》禽戏(复原图)②

2019 年高考,与体育运动和健康观念相关的新材料入题,成为高考命题的一大亮点。

【例】(2019 年全国文综Ⅰ卷·26)唐代之前,荆楚民间存在一种祈求丰收的"牵钩之戏",至唐代称作"拔河",广为流传。唐玄宗《观拔河俗戏》诗云:"壮徒恒贾勇,拔拒抵长河。欲练英雄志,须明胜负多……预期年岁稔,先此乐时和。"据此可知,在唐代

A．江南文化成为主流

B．耕战结合观念深入人心

C．阳刚与力量受到推崇

D．诗歌以描写宫廷生活为主

此题材料综合了唐人《封氏闻见记》和唐玄宗《观拔河俗戏》,《封氏

---

① 傅举有、陈松长编著:《马王堆汉墓文物》,长沙:湖南出版社,1992 年版,第 150 页。
② 李零著:《中国方术考》修订本,北京:东方出版社,2000 年版,第 374 页。

闻见记》载：

> 拔河，古谓之牵钩，襄、汉风俗，常以正月望日为之。相传楚将伐吴，以为教战。梁简文临雍部，禁之而不能绝。古用篾缆，今民则以大麻絚长四五十丈，两头分系小索数百条挂于胸前。分二朋，两向齐挽。当大絚之中立大旗为界，震鼓叫噪，使相牵引。以却者为胜，就者为输，名曰"拔河"。
>
> 中宗曾以清明日御梨园毬场，命侍臣为拔河之戏。时七宰相、二驸马为东朋，三宰相、五将军为西朋。东朋贵人多，西朋奏输胜不平，请重定，不为改，西朋竟输。仆射韦巨源、少师唐休璟，年老，随絚而踣，久不能兴。上大笑，令左右扶起。
>
> 明皇数御楼设此戏，挽者至千余人，喧呼动地。蕃客庶士观者，莫不震骇。①

《全唐诗》全文收入唐玄宗《观拔河俗戏》诗并序："俗传此戏，必致年丰，故命北军，以求岁稔。壮徒恒贾勇，拔拒抵长河。欲练英雄志，须明胜负多。噪齐山岌嶪，气作水腾波。预期年岁稔，先此乐时和。"② 唐玄宗时"挽者至千余人，喧呼动地"，场面气势磅礴，表明唐人的强健体魄、阳刚之美。同时，亦蕴含了古人朴素的观念——人强健，定能风调雨顺、五谷丰登，且国家强盛。明末清初，著名思想家颜元指出："一身动则一身强，一家动则一家强，一国动则一国强，天下动则天下强。"③ 正所谓："身体是革命的本钱。"体育的重要，不言而喻。

---

① [唐] 封演撰，赵贞信校注：《封氏闻见记校注》，北京：中华书局，2005 年版，第 54-55 页。从描述来看，唐代拔河与现代不同。
② [清] 彭定求等编：《全唐诗》第一册，北京：中华书局，1960 年版，第 32 页。
③ [清] 钟錂撰：《颜习斋先生言行录》，陈山榜编：《颜李学派教育论著选》，北京：人民教育出版社，2015 年版，第 258 页。

二、崇尚劳动，劳动光荣美丽

传统儒家追求"仕而优则学，学而优则仕"。孔子即轻稼穑，《论语·子路》载："樊迟请学稼。子曰：'吾不如老农。'请学为圃。曰：'吾不如老圃。'樊迟出。子曰：'小人哉，樊须也！上好礼，则民莫敢不敬；上好义，则民莫敢不服；上好信，则民莫敢不用情。夫如是，则四方之民襁负其子而至矣，焉用稼！'"① 但此观点也遭到时人嘲讽，《论语·微子》载："子路从而后，遇丈人，以杖荷蓧。子路问曰：'子见夫子乎？'丈人曰：'四体不勤，五谷不分，孰为夫子？'植其杖而芸。"②

古代社会以农为本，儒家取得独尊地位后，与时俱进，提出"耕读传家"。但整体来看，"万般皆下品，唯有读书高"③ 依旧是社会主流。新中国成立后，人民当家作主，"劳动光荣"成为时代主旋律。人民群众"一不怕苦，二不怕死"，用辛勤汗水积极建设社会主义，社会面貌焕然一新。然而，随着时间推移，学校教育领域里智育独领风骚，德体美劳则弃之不顾，劳动教育尤甚。2018年开始，全国文综卷出现了崇尚劳动的相关试题，意在培养学生"劳动光荣"观。

【例一】（2018年全国文综Ⅰ卷·31）图7是1953年的一幅漫画，描绘了资源勘探队员来到深山，手持"邀请函"叩响山洞大门的情景。这反映了当时我国

---

① [清] 阮元校刻：《十三经注疏》下册，北京：中华书局，1980年版，第2506页。
② [清] 阮元校刻：《十三经注疏》下册，北京：中华书局，1980年版，第2529页。
③ [宋] 汪洙撰：《神童诗》，李宗为校注：《千家诗 神童诗 续神童诗》，上海：上海古籍出版社，1995年版，第309页。

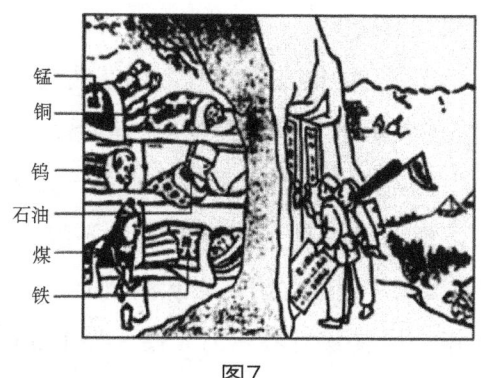

图7

A．已经初步改变工业落后局面
B．开始进行对矿产资源的开采
C．国民经济调整任务基本完成
D．大规模的经济建设正在展开

此题漫画出自《漫画的年轮》，标题是"毛主席派人来了"，韦启美1953年创作。试题作了改造，原图如下：①

画中右侧，女队员扛着勘探工具，旗帜上写着"资源勘探队"；男队员左手执邀请函，上书"祖国即将进行大规模经济建设恭请光临协助"，

---

① 徐新民主编：《漫画的年轮》，北京：中国国际广播出版社，2001年版，第25页。

右手用铺首门环敲门，门上贴有隶书对联"山中方七日，世上几千年"。画中左侧，山洞里，最上层的锰在伸懒腰，铜在被窝里微笑；中间的钨欣喜探出脑袋，石油满脸笑容准备起床；下层的煤已经迫不及待穿鞋准备下床开门，铁也在被窝里微笑。此画形象地反映了一五计划开始实施、大规模经济建设的开展，资源勘探队员风餐露宿，不辞辛劳，为祖国寻找矿藏，用勤劳汗水建设国家，爱国强国之心跃然纸上。

【例二】（2018年全国文综Ⅱ卷·31）图5为1956年的一幅漫画《两把尺》。（画中字："奶奶的尺——量布做新衣，阿姨的尺——测量祖国，建设社会主义。"）该漫画反映了

图5

A．社会主义建设以工业化为中心
B．女性成为国家建设的重要力量
C．人民公社化运动蓬勃开展
D．城乡差别发生根本性改变

此题漫画也出自《漫画的年轮》，标题是"两把尺"①，江有生创作于1956年。图中，两个女青年扛着标尺和测绘仪器，飒爽英姿；奶奶裁剪衣料，老当益壮；小女孩认真学习，朝气蓬勃。整个画面，展现出劳动最光

---

① 徐新民主编：《漫画的年轮》，北京：中国国际广播出版社，2001年版，第40页。

荣、劳动最美丽。

【例三】(2019年全国文综Ⅲ卷·31)图4是1953年创作的年画。该作品

图4 《数他劳动强》

A．继承了中国传统文人画作的基本风格
B．描绘了农民参与社会主义生产的场景
C．体现了"双百"方针提倡的创作精神
D．倡导了适应国家建设需要的社会新风

此画作者是油画家尚沪生，创作于1953年。画面轻快，人物刻画精彩。"一五计划"开始实施，"举国上下建设热情高涨，热爱劳动、歌颂劳动者成为当时艺术创作的主流思想，这幅作品正是在这样的时代背景下产生，作者通过一个生活细节去描绘具体的劳动归来场景，使画面充满了生活情趣，给人以轻松、欢快的艺术享受"①。

三、以美育人，以文化人

"审美能力不仅代表着一个国家的历史、文化积淀，也是个人品质和修养的重要体现。教育只有加强以美育人、以文化人，让学生更好地认识

---

① 王辉编著：《中国古代年画》，北京：商业出版社，2015年版，第34页。

美、爱好美、创造美，才能使其明辨美好与恶丑，促进审美能力的提升。高考历史学科注重结合知识内容和高中生的认知水平，选取既能实现考查目标，又结合学科知识的素材，引导学生从求知境界中得到升华，实现人文和审美素养的提升。"① 以2018年为界，之前，全国卷几乎不考艺术类的题材；之后，美育类试题的命制得以加强。

【例一】（2018年全国文综Ⅰ卷·27）图6中的动物是郑和下西洋时外国使臣随船向明政府贡献的奇珍异兽。明朝君臣认为，这就是中国传说中的"麒麟"，明成祖遂厚赐外国使臣。这表明当时

图6

A．对外交流促使中国传统绘画出现新的类型

B．朝廷用中国文化对朝贡贸易贡品加以解读

C．海禁政策的解除促进了对外文化交流

---

① 教育部考试中心：《深化考试内容改革　凸显学科育人功能——2019年高考历史试题评析》，《中国考试》2019年第7期，第31页。

D. 外来物品的传入推动了传统观念更新

此题绘画题为《榜葛剌进麒麟图》，现藏国家博物馆，"纵 118.3 厘米、横 46.5 厘米。榜葛剌在今孟加拉国及印度孟加拉地区，原图为明朝沈度绘，这是清人陈璋临摹绘的。"①此题考查角度新颖，所选材料生动有趣，让学生提升思维认识的同时，感受美，领悟美。

【例二】（2020 年全国文综Ⅱ卷·24）据史书记载，角抵（摔跤）"盖杂技乐也，巴俞（渝）戏、鱼龙蔓延（百戏节目）之属也"。秦二世曾在宫中欣赏。汉武帝在长安举行了两次大规模的角抵表演，长安百姓"三百里内皆观"，他也曾用角抵表演欢迎来长安的西域人。据此可知，当时角抵

A. 促进了川剧艺术的发展

B. 拥有广泛的社会影响

C. 推动了丝路文化的交流

D. 源于民间的劳作技能

复原此题材料，由以下部分组成：

其一，《汉书·武帝纪》载："三年春，作角抵戏，三百里内皆来观。"文颖注曰："名此乐为角抵者，两两相当角力，角技艺射御，故名角抵，盖杂技乐也。巴俞戏、鱼龙蔓延之属也。汉后更名平乐观。"②

其二，《汉书·西域传》载："殊方异物，四面而至。于是广开上林，穿昆明池，营千门万户之宫，立神明通天之台，兴造甲乙之帐，落以随珠和璧，天子负黼依，袭翠被，冯玉几，而处其中。设酒池肉林以飨四夷之客，作巴俞都卢、海中砀极、漫衍鱼龙、角抵之戏以观视之。"③

其三，《史记·李斯列传》载："是时二世在甘泉，方作觳抵优俳之观。"裴骃案："觳抵即角抵也。"④

---

① 中国历史博物馆编：《中国通史陈列》，北京：朝华出版社，1998 年版，第 164 页。
② [汉]班固撰，[唐]颜师古注：《汉书》第一册，北京：中华书局，1962 年版，第 194 页。
③ [汉]班固撰，[唐]颜师古注：《汉书》第十二册，北京：中华书局，1962 年版，第 3928 页。
④ [汉]司马迁撰：《史记》第八册，北京：中华书局，1982 年版，第 2559-2560 页。

此题材料亦或出自《中国民间游戏总汇·角力卷》："《史记》记载，秦二世曾在甘泉宫欣赏角抵表演。西汉时期，角抵盛行，成为王公贵族们奢侈生活的一个娱乐内容。据《汉书》记载，汉武帝元封三年（前108）举行了一次角抵表演，'三百里内皆观'。汉朝帝王招待异国使者时，经常为他们举行角抵表演。"①

此题以角抵入题，考查传统文化的影响，学生比较陌生。通过做题，学生能够感受角抵之美及传统文化的博大精深，从而提升文化自信。

第四节 "新材料"在中学历史高考中的运用模式

一、高考试题的设计特点及考核目标

刘芃曾在《历史学科的题型功能》一文中，阐述了高考试题的设计特点，有助于我们理解高考中运用"新材料"之模式。兹摘录如下：

高考是选拔性考试，选拔性考试对于题型的最主要要求是题型的开放性。……作为历史学科开放性题型的设计应该具有几个特点：

第一，重视新情境的设计。新情境是相对教材表述的旧情境而言，就是要离开原有的现成的知识网络，给应试者提出新的程序思考的情境，以促使其将静态的知识转换成动态的知识组合。新情境的设计可以有各种方法，一是选择新的材料、新的理论信息；二是变换角度提出问题；三是变换知识的组合方式提出问题。

第二，重视理论的意义。在陈述性知识当中，理论的内容分量较少，多数情况是，理论的东西往往通过各种历史概念反映出来，也就是说，知识的网络不完全依靠理论的支持而自成系统。而在程序性知识的范畴里，如果没有一种比较成熟的理论思考作为其程序化的控制基础，就难以变散状知识为组合知识，就难以形成解决问题的独立系统。所以，历史学科开

---

① 林继富主编：《中国民间游戏总汇》，长沙：湖南文艺出版社，2016年版，第248页。

放性试题的理论感要强些。

第三，人类认识历史的一个'永恒主题'是为了现实和未来，人们总是在不断澄清和认识以往生活的情况下，发掘对现实生活的认识和对未来的预见。所以，开放性的历史试题主要不应该是考据性的、叙述性的，而应是论证性的、阐释性的、展示性的。题目设计要引导人们认识事物之间的本质联系，分析事物的成因和归宿，提示事物的发展规律，预示历史的现实意义和未来趋势。应该说，我们高考的开放性题目在反映历史事实方面做了不少工作，在此基础上应继续展开，引导学生从具体的历史条件出发去认识历史事物。这样，历史的现实感和未来感就有了坚实的基础。①

历史学科考核目标与要求，如下：

1. 获取和解读信息。理解试题提供的图文材料和考试要求；整理材料，最大限度地获取有效信息；对有效信息进行完整、准确、合理的解读。2. 调动和运用知识。辨别历史事实和历史叙述；理解历史叙述和历史结论；说明历史现象和历史观点。3. 描述和阐释事物。客观叙述历史事实；正确解释历史事物；认识历史事物的本质。4. 论证和探讨问题。发现历史问题；论证历史问题；独立提出观点。②

可见，高考命题一般以新材料为依托，营造陌生的真实问题情境——文字型、表格型、图片型及图文混合型，考查关键能力和必备知识，让学生解决问题的同时，感悟历史，展望未来。

以建筑类试题为例，试举两例。建筑是凝固的历史，它像一部无言史书，忠实记录了其所处时代的经济、政治、文化的宝贵信息。因此，建筑形式和风格的变迁，是当时社会物质生活和精神生活的最好见证。将建筑引入命题领域，一方面体现了高考命题"新情境、新材料"的要求，另一

---

① 刘芃著：《历史学科的题型功能》，《刘芃考试文集》，北京：人民教育出版社，2012年版，第117页。

② 教育部考试中心编：《2017年普通高等学校招生全国统一考试大纲》（文科），北京：高等教育出版社，2016年版，第133页。

方面又可以使试题图文并茂、生动有趣。

【例一】（2004年上海·31）（6分）观察下列图片。

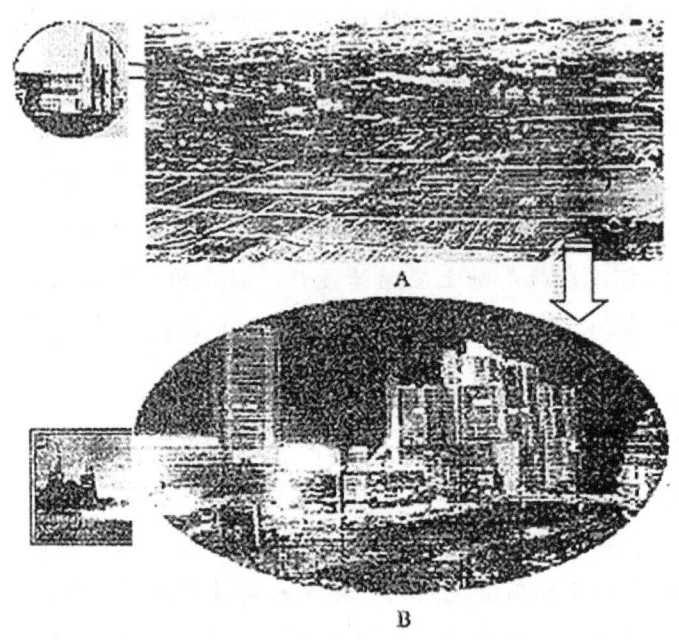

《老建筑与它的百年邻居——上海徐家汇掠影》

问题：从上面图片中可以看到和汲取哪些信息？

【参考答案】

　　A：大片的农田、稀疏的建筑、教堂（或西式建筑）、小路……以农业为主，但已可看到西方的影响；B：现代化的建筑群、灯光（或夜景）和道路，保留着原先的教堂（或西式建筑）……呈现繁荣景象。A→B：跨时代的变化和城市的发展特征。

　　此题以上海徐家汇建筑的变迁入题，反映了徐家汇在百年间由农村发展成为现代化都市的翻天覆地变化，突出了高考命题考核目标中的"获取和解读信息"和"描述和阐释事物"要求，解题先从A、B中最大限度地获取有效信息，然后对有效信息进行完整、准确、合理的解读，再分析从A到B反映的变化，认识历史事物的本质和规律，并做出正确的阐释。尤其值得注意的是，该题体现了新课改以来高考命题的两个趋势：一是强调回归生活，试题力求创设生活情境，贴近生活实际；二是随着高考命题的放开，各省自主命题时越来越注重考查地方历史。

【例二】（2013年全国文综Ⅱ·41）（12分）阅读材料，完成下列要求。

材料

图7 太和殿，清朝皇帝治国理政的场所

图8 白金汉宫（左）和唐宁街10号（右），自18世纪中期至今分别为英国王宫和首相官邸

提取材料中的信息，结合所学知识，从建筑和政治关系的角度进行中英比较。

【答案】（1）提取信息准确，中英比较符合史实。（8分）示例：太和殿高大雄伟，象征皇权至上。白金汉宫工整威严，显示君主立宪制下的国王享有尊贵地位；唐宁街10号平实素朴，却是英国行政中枢，体现民主政治风格。(2)概括综合。(4分)示例：历史上的一些建筑可视为物化的政治制度、直观的权力结构和有形的政治文化。考生从相关建筑的历史传承、历史归宿、现实影响等角度进行拓展性做答，可加2分，但本题总分不得超过12分。如太和殿现为供人参观的古迹，反映出中国已经告别君主专制、走上民主道路。

此题所选材料，均体现了相关政治制度的特点。

太和殿是紫禁城是最重要的大殿，皇家气派一览无余，"面阔11开间，共宽60.01米；进深5间共33.33米；通高35.05米；建筑面积2377平方米，它是中国留存的古建筑中，开间最多、进深最大、屋顶最高的一座大殿。屋顶自然用的是最高等级的重檐庑殿式，台基有三层，共8.13米……当年规划者和匠师们就是这样运用最大的广场，最高的台基与建筑，最讲究的装饰，通过环境的经营，及建筑本身的形象与装饰使紫禁城威武壮观"。[①]

白金汉宫（Buckingham Palace），因1837年维多利亚女王在此加冕、定居，而正式成为英国王宫。其规模建筑宏伟，体现了英国国王的统而不治、地位尊贵。唐宁街10号，英国首相官邸。因其设计朴实的黑色木门，缀有白色"10"，而为世人所知。从外表看，与皇宫相比，显得平实素朴，代表着民主政治。

二、新材料命题的尝试

（一）选择题

选择题是客观题，高考试题最早于1982年出现。如今的高考基本采用单项选择，即最佳选项为正确答案。"选择题测试考生的再认，设计试题时尽可能避开死记硬背的东西，而是测试考生对历史事实、历史概念、历史结论、历史的阶段特征、基本线索和发展过程的理解程度。"[②]

[①] 楼庆西著：《中国古建筑二十讲》，北京：生活·读书·新知三联书店，2001年版，第42-43页。

[②] 刘芃著：《历史学科考核内容与要求》，《刘芃考试文集》，北京：人民教育出版社，2012年版，第206页。

【例一】（2014年湛江调研·12）大英博物馆藏有一只汉代漆酒杯，出土于朝鲜平壤。其椭圆形底部，刻有六位不同工种的工匠名字，还列出了七位监督人员的名字。这反映了当时的官营手工业

　　A．生产专业细化，官府掌控

　　B．生产人员众多，效率低下

　　C．生产技术先进，面向市场

　　D．生产成本较低，官府出资

此题材料源于《大英博物馆世界简史》，漆酒杯见下图：

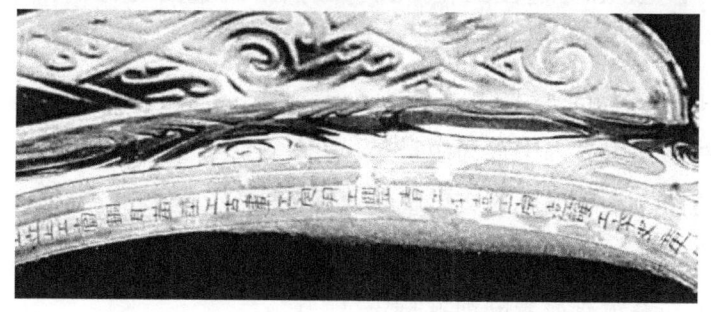

"在耳杯的椭圆形底部有一圈共六十七个汉字。在欧洲，这里通常会是一句箴言或一条献词。但实际这里写的却是负责生产的六位不同种类的工匠的名字：制作木胎的，刷底层漆的，刷表层漆的，为把手镀金的，描画图案的和最后打磨的。接下来列出了七位质量监督员的名字：这种情况恐怕只有在中国才会出现。六位工匠，七位监督人员，是官方运作的明证。这些字是：

……素工卤、髹工立、上工当、铜耳黄涂工古、画工定、洇工丰，清工平、造工宗造，护工卒史章、长良、丞凤、橡隆、令史褒主。

漆杯是工匠生产与官府管理相结合的产物。官僚系统保证了产品的品质。"①

此题命题意图考查汉代"工商官营"制度，学生需调动所学知识解决问题。所选材料，教材未见。材料体现了春秋以来的"物勒工名"制度。《礼记·月令》载："物勒工名，以考其诚，功有不当，必行其罪，以究其情。"孔颖达正义曰："每物之上，刻勒所造工匠之名于后，以考其诚信，以穷其诈伪之情。"②此题可以加深学生理解汉代"工商官营"的情况，六位工匠体现了"生产专业细化"，七位监督人员说明了"官府掌控"，故A项正确；材料无法说明效率低下，而根据所学知识，官营手工业产品不面向市场，不计较成本，故而排除B、C、D项。

【例二】（2016年湛江二模·24）战国时期秦国的青铜兵器出土数量很多，不少带有铭文，如"相邦吕不韦戈""相邦义（张仪）戈""上郡守戈""陇西守戈"等。这些铭文证实

A．兵器使用者为中央高级官员

B．秦国人具有深厚的文化底蕴

C．秦兵器分由中央和地方督造

D．秦兵器带有显著的地域特色

此题材料源于李学勤《东周与秦代文明》：

对于战国时期以至秦代的秦兵器，我们作过一些研究。由铭文考察，秦兵器有由中央制造的，也有由地方制造的。前者相当多的一部分以秦相

---

① [英]尼尔·麦格雷戈著，余燕译：《大英博物馆世界简史》中册，北京：新星出版社，2014年版，第208、211-212页。

② [清]阮元校刻：《十三经注疏》下册，北京：中华书局，1980年版，第1381页。

为督造者,如:

秦孝公	十三年(公元前349年)	大良造鞅(商鞅)戟
	十六年(公元前346年)	大良造鞅镦
	秦惠文王十三年(公元前325年)	相邦义(张仪)戈
秦昭王	十四年(公元前293年)	相邦冉(魏冉)戈
	十六年(公元前291年)	丞相触(寿烛)戈
	廿年(公元前287年)	相邦冉戈
	廿一年(公元前286年)	相邦冉戈
秦始皇	三年(公元前244年)	相邦吕不韦戈
	四年(公元前243年)	同上
	五年(公元前242年)	同上
	八年(公元前239年)	同上

这些兵器大都是由栎阳、雍、咸阳等地工匠或寺工、诏事等中央机构铸作。不记督造者的兵器,也有寺工、诏事、属邦、少府等机构制造的。地方铸造的兵器,以上郡所造为最多,近年发现的廿六年蜀守戈,系蜀郡所造;十二年临汾守戈,应为河东郡所造;廿六年陇西守戈,为陇西郡所造,虽各仅一件,可证秦郡铸作兵器是较普遍的。①

此题命题意在考查解读和理解材料的能力,要求学生通过历史现象,得出结论。关于秦朝地方行政制度的考题,常从郡县制切入,该题从出土文物入手,避开"郡县制"这一明确的制度用语,令人耳目一新。从材料看,兵器上的铭文可以分为两种:中央的和地方的。考生要得出正确答案C项,需要知道吕不韦、张仪是丞相,这是考查学生掌握的知识;或者学生要从"相邦"一词上推测出是丞相的意思,这是考查学生的知识迁移运用能力。A项只能涵盖前两个材料,B项在材料中无从体现,毕竟只有几个铭文,且材料没有描述其艺术美感,所以排除B项。D项和A项错误一

---

① 李学勤著:《东周与秦代文明》,上海:上海人民出版社,2014年版,第145-146页。

样，也是只能涵盖后一半材料。

（二）非选择题

高考评价体系的核心之中，"立德树人"统领服务选才和引导教学，因此高考必须承担育人功能，命题必须服务于德智体美劳全面培养的教育体系。"近年来，在新课标核心素养理念的引领下，开放性试题以其良好的情境设计和灵活的考查思路，逐渐成为落实各学科素养考查的重要手段。"① 故而通过命制合适的开放性试题，引导学生树立德智体美劳全面发展的历史价值观，不失为构建德智体美劳全面培养教育体系的一个较好切入点。

1. 营造合适命题情境，呈现五育内容

历史事件只有放在特定时空背景下，才能得到合适的理解和解释。因此历史试题需要一定的情境载体，即试题情境化。试题情境化有助于考查考生在问题情境中的知识掌握程度，且更能精准考查考生分析问题、解决问题的能力。"根据历史学的学科特点和试题情境的复杂程度，历史科试题情境可以分为简单情境、综合情境和复杂情境"；② 按照材料来源又可以分为四类，即"学习情境，指在历史学习中遇到的问题，包括史料、图表、历史叙述、史论等问题；生活情境，指在个人生活、家庭生活、社区生活中遇到的与历史有关的问题，如在倾听长辈的回忆、观看影视剧、浏览名胜古迹时遇到的问题；社会情境，指对社会问题的历史考察，如某种社会风俗的来源、某一国际争端中的历史背景问题；学术情境，指历史学术研究中的问题，如历史学家对某一历史问题有多种看法等。"③ 因此命题者选择新材料，营造合适的试题情境，引导考查考生在新情境下分析问题、解

---

① 徐奉先、刘芃：《新课程标准背景下的开放性试题开发》，《历史教学》（上半月刊）2021年第1期，第22页。

② 徐奉先：《基于高考评价体系的历史科考试内容改革实施路径》，《中国考试》2019年第12期，第63页。

③ 中华人民共和国教育部制定：《普通高中历史课程标准》（2017年版2020年修订），北京：人民教育出版社，2020年版，第59页。

决问题，有利于检测和评价考生的历史学科核心素养水平，同时接受"五育"熏陶。

【例1】阅读材料，回答问题。

材料 2018年，庆祝改革开放40周年大会表彰100名"改革先锋"，这其中有"农村改革的先行者"小岗村"大包干"带头人、"经济体制改革的积极倡导者"厉以宁（最早提出股份制改革理论的学者之一）、"民营企业家的优秀代表"刘永好、"城市集体企业改革的先行者"步鑫生、"乡镇企业改革发展的先行者"鲁冠球、"数字经济的创新者"马云、"'互联网+'行动的探索者"马化腾、"'绿水青山就是金山银山'理念的践行者"鲍新民；有"真理标准大讨论的代表人物"胡福明、"中国特色社会主义法律体系建设的积极推动者"许崇德、"马克思主义中国化理论研究的推动者"郑德荣；有"中医药科技创新的优秀代表"屠呦呦、"杂交水稻研究的开创者"袁隆平、"体育领域交流开放的优秀代表"姚明、"公共卫生事件应急体系建设的重要推动者"钟南山、"塑造传承'女排精神'的优秀代表"郎平等等。①

——摘编自中央庆祝改革开放40周年表彰工作领导小组办公室编《改革先锋风采录》

根据材料并结合中国现代史，拟定一个论题并予以论证。（要求：论题明确具体，论证史论结合。）（12分）

【参考答案】示例

论题：先锋人物体现时代特征。（3分）

论证：1978年后农村改革、城市改革等，不断把改革开放推向发展，小岗村"大包干"带头人、厉以宁等人体现了这一时期改革开放在探索中不断前进的时代特征。20世纪90年代以来，信息技术高速发展，互联网

---

① 中央庆祝改革开放40周年表彰工作领导小组办公室编：《改革先锋风采录》，北京：党建读物出版社，2019年版，目录第1—8页。

应用方兴未艾，马云、马化腾顺应时代潮流，开创新经济模式，成为"数字英雄"。21世纪，随着全球化的深入发展以及中国改革开放的深化，全球性的危机增加，2020年钟南山带领中国医疗团队走出新冠肺炎危机，并积极推动公共卫生事件应急体系的建立。可见，先锋人物体现时代特征并推动时代的发展。（9分）

该题选取的材料与考生现实生活联系比较密切，且与历史有关，涉及了"农村改革的先行者"小岗村"大包干"带头人、"民营企业家的优秀代表"刘永好、"体育领域交流开放的优秀代表"姚明、"互联网＋"行动的探索者马化腾等诸多行业的"改革先锋"，属于较为综合的命题情境，全面考查德智体美劳的内容。试题要求考生结合现代中国改革史提出论题并予以阐述，考查了考生获取和解读历史信息能力、分析历史问题能力和探究能力，同时也考查历史解释、唯物史观、家国情怀等素养，能力等级及学科核心素养水平分布与课程标准的规定和要求相对应。

【例2】阅读材料，回答问题。

材料 18世纪中叶以前，宗教节庆无论对普通民众还是上层社会，都是休闲生活的主要组成部分，一年中各种节日加在一起有一百多天。在此期间，人们会放下手中的工作去参加各种盛大的活动，如戏剧表演、舞会、体育比赛等。体育休闲也是英国人的重要休闲方式，而斗兽和足球则是其中最常见的项目。18世纪中叶以来，英国开始实行法定周末假日。到19世纪中后期，英国人逐渐适应了新的作息时间，上班时间认真工作，休班时间才到酒馆、咖啡馆或者工人俱乐部娱乐，在周末或年度假日时则外出旅行。很多传统休闲项目已难以为继，1835-1849年英国政府先后宣布斗牛、斗熊和斗鸡为非法。在1845年和1850年，政府分别通过了《博物馆法案》和《图书馆法案》，为地方议会征收少量的地方税用于当地博物馆和图书馆的建设。文化休闲、餐饮娱乐、演艺观赏和旅游观光等多种休闲方式逐渐流行开来。①

——摘编自马婕妤《英国工业革命期间的休闲生活》

根据材料并结合所学知识，对"英国人 18 世纪中叶以来休闲生活的变化"进行合理的解释。（要求：表述成文，逻辑清晰，史实运用准确，观点明确。）（12 分）

【参考答案】评分参考标准：

水平三：能够结合材料信息从三个层次进行评述，观点明确，逻辑清晰，史实运用准确，史论结合，相关解释充分合理（9-12 分）；水平二：能够结合材料信息从多个层次进行评述，观点较为明确，史实运用基本准确，相关解释基本合理（5-8 分）；水平一：能够结合材料信息进行评述，阐述相关史实基本准确，解释较为合理（0-4 分）。

该题以"英国人 18 世纪中叶以来休闲生活的变化"为命题依托，材料呈现的关键信息有戏剧表演、舞会、体育比赛、作息时间、《博物馆法案》和《图书馆法案》等，属于较为复杂的命题情境，直接或间接体现了对德智体美劳内容的考查。试题要求对"英国人 18 世纪中叶以来休闲生活的变化"进行合理的解释，体现对时空信息、历史解释、唯物史观等素养的考查，涉及了对考生获取和解读历史信息的能力和分析历史问题的能力等方面的考查，体现开放性试题重视对核心素养、关键能力拓展并深化的特征。

选取现实生活中遇到、与历史有关的问题的生活场景作为命题载体，并以综合的或者复杂的命题情境呈现，基本上可以全面考查德智体美劳的内容。另外，由于试题选取的情境离考生实际的生活较近，命题素材容易拉近试题与考生的心理距离，这为下一步从多角度、多层次创设试题问题形式，引导考生观察、思考历史事物，考查发现问题、分析问题和解决问

---

① 马婕妤著：《英国工业革命期间的休闲生活》，云南师范大学硕士学位论文，2007年，第 5-9 页。

题的能力打下基础。

2. 创设合适设问形式，渗透五育内涵

德智体美劳作为一种全面发展的价值观，它涵盖了"健康情感""劳动精神"等多个指标内涵。其中"健康情感"内涵注重培育审美和人文素养，热爱生活、珍爱生命等。"劳动精神"内涵要求考生崇尚劳动、尊重劳动，认同劳动最光荣、劳动最崇高、劳动最伟大、劳动最美丽的观念；并坚持通过辛勤劳动、诚实劳动、创造性劳动实现人生价值，愿意为国家富强、社会进步和人民幸福而辛勤工作。因此，在营造合适命题情境基础上，设置开放试题的有效设问方式，可以引导考生探究并发现德智体美劳之美。徐奉先、刘芃认为："试题最为彻底的开放就是试题本身不设问题，考查受试者在一个特定的历史时空范围内，能否自主地提出一个或更多的问题。"[①] 说明历史开放性试题的本质是自主性，要求命题者从选取材料、解读材料、设置问题形式、论证问题等角度上进行创新。受此启发，我们紧抓"自主"这一要旨，在深入学习全国卷、山东卷、江苏卷等开放型试题成功做法的基础上，从强化问题过程、鼓励应试者提出问题两方面探索设置问题形式，想方设法全面考查五育并举的思想内涵。

其一，融合常规设问，扩容五育内涵。常规的题型及设问，经过多年高考的实践，已经较为成熟，在开放性试题中适当增加常规设问，可以最大限度控制试题评价误差，同时也有助于扩大试题考查的内涵。

【例3】阅读材料，回答问题。

材料一 中央认为小学教育应该是国民义务教育性质。随着国家生产的逐步发展，这种初等义务教育将逐步加以普及，义务教育的年限也将随着我国经济建设的发展逐步延长。所有工人、农民及其他人民群众，在受完了义务教育之后，除其中一小部分优秀毕业生经过考试及格升学深造者

---

① 徐奉先、刘芃：《新课程标准背景下的开放性试题开发》，《历史教学》（上半月刊）2021年第1期，第25页。

外，绝大多数都应该从事工、农业及其他生产劳动，这是一种正常现象。那种认为现在一切中、小学毕业生都应当升学的看法是错误的，也是不可能的。①

——摘自中共中央转发中央教育部党组《关于解决高小和初中毕业生学习与从事生产劳动问题的请示报告》的批语（1954年5月24日）

材料二 1950年5月1日《人民日报》以刘少奇的讲话作为社论："我们必须给劳动者、特别是那些在劳动事业中有重大发明和创造的劳动的英雄们和发明家们以应得光荣……这就是我们的新道德的标准之一。"从国家层面肯定了劳动人民和劳动价值，树立劳动最光荣的理念。1951年10月4日发表了《对轻视劳动人民的思想展开斗争》，1952年5月1日发表了《迎接劳动人民的世纪》等等。从统计来看，仅题目中含有劳动一词的报道1950年有327篇，1951年有255篇，1953年有253篇，1954年有269篇，1955年209篇，1956年有242篇。这些报道涉及劳动英雄、普通工农劳动者、考生、军人、工商业家、娱乐界，不仅有国家领导人对劳动的肯定，也有通过科学展览对劳动的历史追溯，还有新中国各行各业火热劳动场面的新闻特写，展现了他们积极劳动建设社会主义的风貌。②

——摘编自韩莉莉《建国初期〈人民日报〉对社会主义劳动观的宣传研究》

（1）根据材料一并结合所学知识，分析中共中央转发教育部党组相关文件批语的背景。（4分）

（2）根据材料二并结合所学知识，评述"《人民日报》对社会主义劳动观的宣传"。（要求：表述成文，逻辑清晰，史实运用准确，观点明确。）（12分）

---

① 中共中央文献研究室编：《建国以来重要文献选编》第五册，北京：中央文献出版社，1993年版，第216-217页。

② 韩莉莉著：《建国初期〈人民日报〉对社会主义劳动观的宣传研究》，南昌航空大学硕士学位论文，2015年，第13-15页。

【参考答案】(1)背景：随着一化三改的推行，国家生产逐步发展；新中国成立后人民教育逐步确立，义务教育获得发展；党和国家对劳动教育的重视等。(4分)(2)评分参考标准：

水平三：观点明确，能够结合材料信息从三个层次进行评述，逻辑清晰，史实运用准确，史论结合，相关解释充分合理（9-12分）；水平二：观点明确，能够结合材料信息从多个层次进行评述。史实运用基本准确，相关解释基本合理（5-8分）；水平一：能够结合材料信息进行评述，阐述相关史实基本准确，解释较为合理（1-4分）。

该题将与劳动教育显性的形成背景、过程、影响以及隐形的考查能力要求、历史智慧培育等融合为一体，要求考生在认识劳动观念确立的背景及其时代意义基础上，树立正确、积极的劳动观念。试题第一问引用一手史料，考查新中国成立初期劳动观出现历史背景，它属于常规主题型材料题的设问，通过引导考生分析材料、概括史料，确立"那种认为现在一切中、小学毕业生都应当升学的看法是错误的，也是不可能的"的观点，从而落地了五育中的"劳动精神"之"认同劳动最光荣、劳动最崇高、劳动最伟大、劳动最美丽的观念"等思想内涵；第二问评述"《人民日报》对社会主义劳动观的宣传"，通过引导考生类比分析不同年份《人民日报》文章题目中含有劳动一词报道的差异，考查了"劳动精神"之"愿意为国家富强、社会进步和人民幸福而辛勤工作"等思想内涵。可见，在开放试题中适当增加常规的设问，可以更大容量地考查了五育的思想内涵。

其二，巧置设问梯度，扩容五育内涵。按照考试测量学基础知识之认知诊断理论的理解，明确试题设置条件与考生作答反应的关系，有利于提高试题编制过程对难度等性能的预控性，并可预见试题设置学科能力的等级。

【例4】阅读材料，回答问题。

材料 击剑起源于中世纪的欧洲，14世纪在西班牙、法国和意大利出现了一个令人炫目的骑士阶层，他们以精湛的剑术纵横天下，博得了广泛的美誉。此后各国贵族纷纷效仿，一时间成为上流社会趋之若鹜的时尚。1643年前后，法国国王路易十四对当时法国的击剑服装和器具做了统一的规定，并将巴黎资格最老的6名剑术师封为世袭贵族，由此开法国剑术流派之先河，击剑作为一种体育竞技项目初具雏形。到19世纪后期，击剑成为一项竞技性体育运动，1882年法国成立世界上第一个击剑协会，1893年美国业余击剑协会成立。1896年首届奥运会就有击剑项目，并且是唯一允许职业选手参赛的项目。国际击剑协会于1913年成立。1924年，女子击剑项目开始引入奥运会，并于1974年德黑兰亚运会上成为亚运会的正式比赛项目。①

——摘编自盛文林《击剑——优雅与灵活的运动》

（1）编写一幕发生在19世纪末美国击剑比赛场馆内的人物对话场景。（要求：先写出对话主题，主题要紧扣当时美国政治或经济领域的重大事件；对话内容要围绕主题展开，观点明确；对话过程完整，逻辑清晰）（10分）

（2）结合击剑运动的产生和发展过程，评述击剑运动的历史是一部"社会史"。（6分）

【参考答案】

（1）示例：主题：19世纪末美国快速进行第二次工业革命。（2分）对话内容概要：19世纪末，美国快速进行第二次工业革命，它极大地推动了美国社会生产力的发展。美国生产社会化大大加强，垄断组织应运而生，它影响了美国的政治等方面的发展。（4分）对话过程：略（4分）

评分标准：①主题明确，紧扣美国当时政治或经济领域的重大事件；②对话紧密围绕主题展开，观点明确，对话完整，逻辑清晰。

（2）击剑运动是时代的产物。随着社会生产力进步不断发展，第二次工业革命中钢铁工业的发展、电力的广泛应用和电气化时代的到来，推动

---

① 盛文林著：《击剑——优雅与灵活的运动》，北京：台海出版社，2014年版，第2-5页。

了此运动的发展，电动裁判器的发明使击剑比赛更加公平，同时推动击剑技术向更新的高度发展。击剑运动强调竞技运动的公平与公正的精神和理念。如击剑运动中女子项目的增加，是妇女解放和男女平等逐步实现的真实写照。（每点3分，答出2点得6分，其他要点言之成理，每点亦可得1—3分，总分不超过6分）

  该题与传统的全国卷开放性试题不同，试题增强了开放性和探究性，要求考生运用创新性的思维方式应对问题情境，鼓励考生从多个视角观察、思考同一个问题，发表自己独立的、甚至有创造性的看法，它激发了考生的想象力和思想张力，促进他们创新意识的提高。本题的设问设置为两问，第一问选取材料中部分场景，且有明确做题要求，指向鲜明，设问层次较低，以"编写一幕发生在19世纪末美国击剑比赛场馆内的人物对话场景"为切入，展开历史现象的阐述，有助于引导考生认识智慧之美、力量之美。第二问，选取材料的全部情景，且没有做题引入点，设问层次较高，以"评述击剑运动的历史是一部'社会史'"为主题，要求考生结合所学知识提出自己的看法，促进考生创新意识的生成，有助于引导考生认识艺术表现之美、德行之美等。试题问题设置由浅入深，考查要求逐层提高，基本覆盖了五育思想内涵的指标。

  基于构建德智体美劳全面考查的命题需要，以历史开放性试题的设计为例，从命题素材设置、试题设问创新两方面进行初步探索，基本可以实现德智体美劳在纸笔考试中全面考查的预期目标。实际命题过程中应坚持三个基本点：一是坚持以落地核心素养和关键能力作为命题的指导目标；二是坚持科学评价试题，通过运用试题测量理论，对试题的信度、效度等进行评估，以最大限度地减少技术失误；三是兼顾全国卷与地方卷试题的特征，"多维度地创设试题情境，考查学生在新情境下如何解决问题，有利于检测和评价学生的历史学科核心素养水平"。[1]

---

[1] 中华人民共和国教育部制定：《普通高中历史课程标准》（2017年版2020年修订），北京：人民教育出版社，2020年版，第59页。

总之，历史开放性试题的设计，与课标所强调的培养学生学科核心素养要求，本质上相向而行。从这个意义上说，通过历史试题构建五育并举是一个长期的课题，它要求命题者不断提升教育测量理论深度学习以及强化命题技术的训练，进一步向命题专业化发展，从而促进五育并举主题下的开放性试题与核心素养、关键能力走向深度融合。

第四章 "新材料"在中学历史教科书中渗透追寻

第一节 教材与历史教科书

教材的概念,以于友西、赵亚夫的解释为详:"教材(teaching material)是以特定年级的学生为对象,根据特定时间的教学任务和条件,对特定教学内容进行解释的教学用书。根据该定义对教材含义做进一步细化的话:(1)既指历史教学中利用的物化材料,如历史教科书、历史补充读物、历史教学挂图、历史教学课件、历史网络资料等,也指历史教学的知识体系和技能方法系统。(2)在物化的历史教材中,既有以文字材料为特征的历史教材,如历史教科书、历史教学参考书、历史练习册、历史文献资料等,也有以形象化材料为特征的历史教材,如历史照片、历史地图、历史实物、历史遗迹遗址等。(3)随着科学技术的发展,各种多媒体如影视、光盘、各类软件等大量进入历史课堂,甚至各类网站、社交工具也成为历史教材的延伸部分。"①

历史教科书,"是学校历史教学中最主要、最基本的教材。高中历史教科书的编写要以高中历史课程标准为依据,切实落实高中历史课程的基本理念,有效体现历史课程标准总目标的要求,适应高中历史教学规律与特点,为培养和提高学生的历史学科核心素养,使学生达到学业质量要求

---

① 于友西、赵亚夫主编:《中学历史教学法》,北京:高等教育出版社,2017年版,第52页。

提供优质的教学用书"。① 在备课过程中,教师需要深度理解教材,上课方能胸有成竹。"通过教材掌握教学内容一般要经过懂、透、化三个阶段,即由懂而透,再由透而化。'懂',就是对历史教材的基本思想、历史概念,以及每一个字、每一句话都弄清楚。'透'就是对历史教材不仅懂得,而且融会贯通,成为自己知识体系,教起来得心应手。'化',就是历史教师的思想感情和历史教材的思想性、科学性、趣味性融合在一起,只有达到了这一境界才算是完全掌握了历史内容。"② 教材里每一个字、人名与地名、术语、图片都蕴含丰富信息,值得研究。试举四例。

其一,百炼刀。《中外历史纲要》上册第61页"史料阅读"引用了苏轼《石炭》并引全诗,说明当时煤的使用情况,诗句"为君铸作百炼刀"中的"炼"同"鍊"③,冶炼之意。汉代铜铁器铭文则多为"湅"字,"湅"与"鍊（炼）"相通。如清华大学博物馆收藏的西汉晚期"铜华铭圈带镜",见下图:

其铭文:"湅治铜华青（清）而明,以之为镜宜文章,延年益寿而去

---

① 中华人民共和国教育部制定:《普通高中历史课程标准》(2017年版2020年修订),北京:人民教育出版社,2020年版,第63页。
② 马卫东主编:《历史教学概论》,北京:北京师范大学出版社,2010年版,第147-148页。
③ [清]王文诰辑注,孔凡礼点校:《苏轼诗集》第三册,北京:中华书局,1982年版,第903页。

不羊（祥），与天无极而日月之光，年（千）秋万岁，长乐未央。"①1974年7月山东苍山县出土一把东汉环首钢刀，背上有错金铭文："永初六年五朋丙午造卅湅大刀吉羊。"②

从现有资料看，"百炼"一词约出现于东汉晚期，曹操曾作《百辟刀令》说自己做了五把宝刀，称"百鍊利器，以辟不祥，慑服奸宄者也"。③这应是"百炼钢"工艺之始，至魏晋南北朝达到繁盛，《晋书·赫连勃勃载记》载，十六国时期大夏赫连勃勃曾"造百鍊钢刀，为龙雀大环，号曰'大夏龙雀'，铭其背曰：'古之利器，吴楚湛卢。大夏龙雀，名冠神都。可以怀远，可以柔逋。如风靡草，威服九区。'世甚珍之"。④堪与古时吴楚名剑"湛卢"媲美，足见其锋利程度。"百炼"工艺到北宋依旧存在，与苏轼同时期的沈括在《梦溪笔谈·辨证一》云："余出使，至磁州锻坊，观炼铁，方识真钢。凡铁之有钢者，如面中有筋，濯尽柔面，则面筋乃见，炼钢亦然。但取精铁，锻之百余火，每锻称之，一锻一轻，至累锻而斤两不减，则纯钢也，虽百炼不耗矣。此乃铁之精纯者，其色清明，磨莹之，则黯黯然青且黑，与常铁迥异。"⑤沈括所说"真钢"即"百炼钢"，用它做成的钢刀方能"要斩长鲸为万段"。

其二，哈得逊、新阿姆斯特丹、纽约。《中外历史纲要》下册第37页提到"17世纪初，效力于荷兰的英国人哈得逊曾多次向西北航行，探索经北冰洋通向亚洲的航路"。他为此付出了生命代价。

哈得逊又译作哈德逊、哈德森，"Hudson, Henry 赫德森，亨利（约1550-1611）英国航海家。……哈德森湾　加拿大东北部的大海湾或内海，

---

① 王纲怀编著：《汉镜铭文图集》上册，上海：中西书局，2016年版，第217页。
② 刘心健，陈自经：《山东苍山发现东汉永初纪年铁刀》，《文物》1974年第12期，第61页。
③ 宋效永，向焱点校：《三曹集》，合肥：黄山书社，2018年版，第10页。
④ [唐]房玄龄等撰：《晋书》第十册，北京：中华书局，1974年版，第3206页。
⑤ [宋]沈括撰，刘尚荣点校：《梦溪笔谈》，沈阳：辽宁教育出版社，1997年版，第13-14页。

1610年英国人 H. 哈德森（一译赫德森）首次前往考察"①。1609年，哈德逊"驶入了现在的纽约港。他在此发现了后来以他的名字命名的哈德逊河口。……1609年11月哈德逊取道英格兰回欧洲。……（英国）官方将他和英国籍的船员一并拘押，并禁止他再为外国人进行探险航行。哈德逊在一些支持他的英国人的帮助下，乘一艘新船'探索号'回到了北美洲。1610年6月24日他的船驶入哈德逊海峡，并在昂加瓦半岛（Ungava Pennisula）周围发现一大片广阔的水域，……这次冒险的运气很差。哈德逊所发现的这个如今以他的名字命名的海湾实在太大，等他们抵达詹姆士海湾（James Bay），发现没有出口时，为时已晚。他们来不及在冬天来临之前撤离了。1610年11月，'探索号'陷入冰中，船员们在冬天发动了暴乱。1611年6月，大块浮冰裂开以后，暴动的船员将哈德逊、他的儿子以及一些患病的船员扔在一条小船上随波逐流，只给他们留下了'零碎的子弹、长矛、铁锅、一些食物和其他一点东西'。……他们从此杳无音信。"②

新阿姆斯特丹、纽约的由来。荷兰人沿着哈得逊的足迹，进入现在哈得逊河及其沿岸，从事毛皮贸易。"1626年，荷兰人从印第安人手中买下曼哈顿岛，并将其命名为'新阿姆斯特丹'。"③李剑鸣说得更具体："1625年，荷兰人打算在曼哈顿岛建立定居点，于次年以价值60弗罗林的货物，从当地部落换取该岛，（著者自注：据传，曼哈顿的购买者为彼得·米纽依特（Peter Minuit），但实际上此人买下的是斯塔滕岛，而购买曼哈顿的人是威廉·维哈尔斯特（William Verhulst）。）建成阿姆斯特丹要塞，此后陆续有荷兰人迁来开荒种植。到1630年，哈得孙河口地区演变为半定居的殖民地，称新尼德兰，由荷属西印度公司管理。"④1644年第二次英荷战争爆

---

① [英]杰拉尔德·豪厄特主编：《世界历史词典》（简本），北京：商务印书馆，1988年版，第176页。
② [美]保罗·布鲁尔著，马宏伟译：《欧洲帝国探险家》，济南：山东画报出版社，2002年版，第55—56页。
③ 何顺果著：《美国史通论》，上海：学林出版社，2001年版，第9页。
④ 刘绪贻、杨生茂总主编，李剑鸣著：《美国通史》第Ⅰ卷，北京：人民出版社，2008年版，第135—136页。

发，英王查理二世之弟约克公爵是强硬的反荷派，他派出的4艘战船及正规军士450名，不费吹灰之力占领新阿姆斯特丹及新尼德兰。英国人以约克公爵之名，改新阿姆斯特丹为"新约克"（New York），即纽约。

其三，《青年杂志》第一卷第一号的封面。

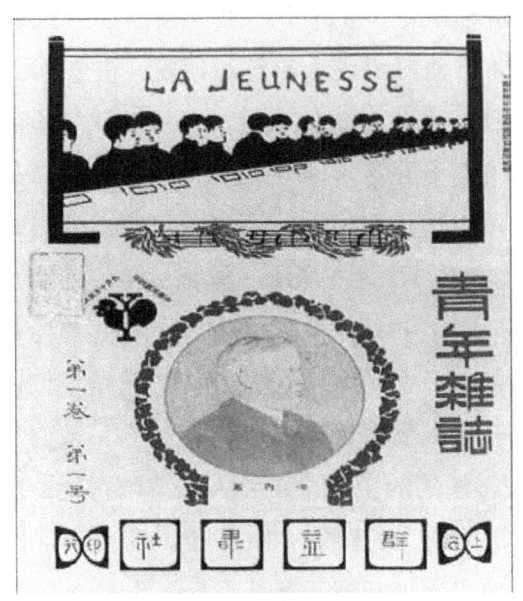

《青年杂志》第一卷第一号封面上的"LA JEUNESSE"是法语"青年"，封面人物是卡内基。本期刊登有彭德尊的文章《卡内基传》，标题前加有"艰苦力行之成功者"。文章分"卡内基之少年贫苦及渡美""劳役时代之卡内基""铁路职员时代之卡内基""经营寝车时代之卡内基""经营煤油时代之卡内基""经营钢铁时代之卡内基""卡内基成功之由""卡内基富之理想""卡内基散财之法""卡内基之嗜好及家庭"，比较全面地介绍了美国著名的钢铁大王兼慈善家——卡内基。

卡内基生于1835年，卒于1919年。从一个到美国淘金的贫苦苏格兰移民，一跃而成为与洛克菲勒、摩根并立的堪称世界首富的"钢铁大王"，卡内基已经成为一段不朽传奇。据彭文载，卡内基曾述其成功之因："予之所以能成功者，别无他巧妙。凡处一事，不以为难，亦不以为易，第终日乾乾，切实力行，猛勇前进，能如是者，事未有不成。彼畏难而退、遇苦而悲之人，皆属无能者也。"①陈独秀撰文指出，中国国民"不能食力者，必食他人之食，不思创业者，自绝生利之途。民德由之堕落，国力由之衰微"。②即中国之所以道德堕落、国力衰微，乃国民不自食其力、不思创业所致。所以，不难看出陈独秀选中卡内基作为封面人物的重要原因是卡内基的艰苦创业和白手起家。他认为中国缺少的正是卡内基之奋斗精神，希望青年以卡内基作为个人奋斗的楷模，积极进取，改变中国的落后面貌。

其四，秦半两与圆形方孔。半两钱非秦始皇所创。1980年，在四川青川县郝家坪第50号战国墓出土了七枚秦半两（见下图）：

发掘整理者指出："青川M50内与秦武王二年木牍同出，这就为先秦半两提供了可靠的年代依据。说明秦惠文王二年'初行钱'以来，秦半两就可能出现了。始皇统一货币，只不过罢其与秦币不合者，正是在先秦半两的基础上，统一为'识曰半两，重如其文'的秦半两。"③秦武王二年是公元前306年，秦惠文王二年是公元前336年。可见，秦始皇在全国实行的统一货币——秦半两并非其创制的新币，他只不过是将秦国原有半两钱推行到各地，从而取代形制不一的六国货币。不过，秦惠王二年"初行钱"是否就是发行半两钱，目前还存在争论："或主张秦国圜钱从秦惠文

---

① 陈独秀、李大钊、瞿秋白编：《新青年》第1卷，北京：中国书店，2011年版，第51页。
② 陈独秀：《我之爱国主义》，《新青年》第2卷第2号，1916年10月1日。参见陈独秀著：《独秀文存 论文》上册，北京：首都经济贸易大学出版社，2018年版，第53页。
③ 四川省博物馆、青川县文化馆：《青川县出土秦更修田律木牍——四川青川县战国墓发掘简报》，《文物》1982第1期，第13页。

王二年开始铸行，半两钱则铸于秦武王时期或稍早。或主张'半两'钱从此年开始，'初行钱'铸行的是'半两'钱……或主张'半两'钱始铸于'初行钱'之前，当在秦孝公十二年（公元前350年）至十六年（公元前346年）的五年间……或主张早在战国早、中期之际最晚不会晚于秦献公七年（公元前378年）'初行为市'之时，秦已开始铸行圆形方孔半两钱，等等。"①

圆形方孔的来历。学术界"有一点大家的认识是一致的，即圜钱是后代普遍使用的铜钱的雏形"。②圜钱有两种，一为圆形圆孔，一为圆形方孔。"圆孔圜钱要比方孔圜钱早，这是大家公认的。"③秦代为何采用圆形方孔的形状？"首先，外边是圆形可以减少钱币本身的磨损，有孔可以用绳子穿起来，携带、计数比较方便。其次，为什么用方孔钱不用圆孔钱呢？学术界的解释也很多，有人指出这象征着古人的宇宙观，当时人认为天圆地方，所以将钱币铸成外圆内方的形状。另有人认为这是为了钱币的加工修整。当时铸钱是用细黏土做成钱范（浇铸的模子），把铜熔化了灌进去，冷却以后，打开钱范再取出铜钱。这样铸成的钱币，外缘上有残留铜液凝成的凸块，必须锉去。如果钱币的孔是方形，在中间穿上一根剖面为方形的长棍，固定起来，锉边时钱币就不会团团转运，比较容易加工。可参阅宋应星《天工开物》书中锉钱图。"④

天圆地方的观念在中国起源甚早，学者们认为新石器时代外方内圆的圆筒玉器——玉琮即是此种观念的体现，而玉琮的"最早年代现在已可追溯到公元前3000年以前。……中国古代的哲学自三代以前开始一直到战国时代及其以后，显然经历了许多变化，包含许多学派。但研究中国思想史的学者承认中国古代宇宙观有若干共同的基调。'天圆地方'便是这种共同基调的一个重要成分。甲骨文中的天字，常在人的头上顶着一个圆圈或圆

---

① 黄锡全著：《先秦货币通论》，北京：紫禁城出版社，2001年版，第329页。
② 汪圣铎著：《中国钱币史话》，北京：中华书局，1998年版，第28页。
③ 黄锡全著：《先秦货币通论》，北京：紫禁城出版社，2001年版，第330页。
④ 宋杰著：《中国货币发展史》，北京：首都师范大学出版社，1999年版，第73页。

点，使人推想商代已有天圆之说。《易》曰：'乾为天、为圜。'《楚辞·天问》：'圜则九重，孰营度之？'周汉古籍中屡见'天道曰圜'这一类的词句。地为四方，则卜辞中四土、四风等观念更很清楚地表示出来"。① 因此，圜钱采用圆形方孔是可以理解的；但是，技术层面的分析，也有其合理的一面。问题在于，两种解释都缺乏当时史料记载及考古实物的支持，判定谁是谁非，为时尚早。

第二节 "新材料"在中学历史教科书中的渗透

《普通高中历史课程标准》（2017 年版 2020 年修订）要求："学生通过高中历史课程的学习，进一步拓宽历史视野，发展历史思维，提高历史学科核心素养，能够从历史发展角度理解并认同社会主义核心价值观和中华优秀传统文化，认识并弘扬以爱国主义为核心的民族精神和以改革创新为核心的时代精神，具有广阔的国际视野，树立正确的世界观、人生观、价值观和历史观，为未来学习、工作与生活打下基础。"② 依据课程标准编写的统编教材，在每课都通过设计功能性辅助性栏目，以提升学生的历史核心素养，树立正确的世界观、人生观、价值观和历史观。《中外历史纲要》上、下册栏目数据统计如下表③：

	单元导语	本课导入	学习聚焦	史料阅读	学思之窗	历史纵横	思考点	图表	探究与拓展
上册 29 课	10	29	98	42	31	44	34	226	29
下册 23 课	9	23	69	31	23	31	28	155	23

---

① 张光直著：《中国青铜时代》，北京：生活·读书·新知三联书店，1999 年版，第 291-293 页。

② 中华人民共和国教育部制定：《普通高中历史课程标准》（2017 年版 2020 年修订），北京：人民教育出版社，2020 年版，第 1 页。

③ 徐蓝：《历史核心素养统领下统编高中历史教科书的编写》，《课程·教材·教法》2019 年第 9 期，第 36 页。

从此表可以看出，统编教材增加了许多新材料，跟"一纲多本"时代的教材相比，主要表现在以下方面：

一、注重培养核心素养

在史料实证方面，更多采用了原始文献、出土文物和当时照片。比如，关于唐代曲辕犁的图片，人教版及人民版未见，岳麓版有一张"曲辕犁详图"①：

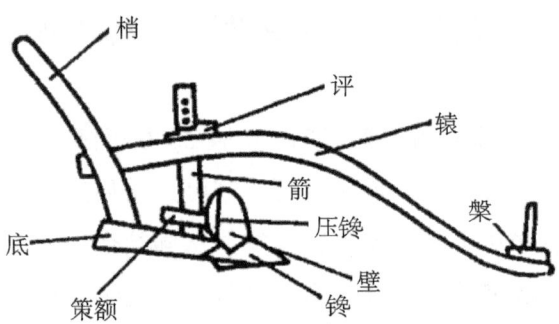

此图方便学生理解曲辕犁的构造，是后人根据晚唐陆龟蒙《耒耜经》相关记载所作的示意图，非唐时实物图。《中外历史纲要》上册第33页，采用了敦煌莫高窟第445窟农民耕作画面，此窟为盛唐的经典洞窟之一，生动直观地展示了唐代曲辕犁的耕作情况。

在时空观念方面，地图更加完善，与以往教材相比，《中外历史纲要》上册增加了地名的古今对照表，利于培养学生的时空观念。比如第10页的《战国形势图》：

---

① 曹大为、赵世瑜总主编，曹文柱、杨宁一主编：《普通高中课程标准实验教科书》历史必修Ⅱ，长沙：岳麓书社，2004年版，第3页。

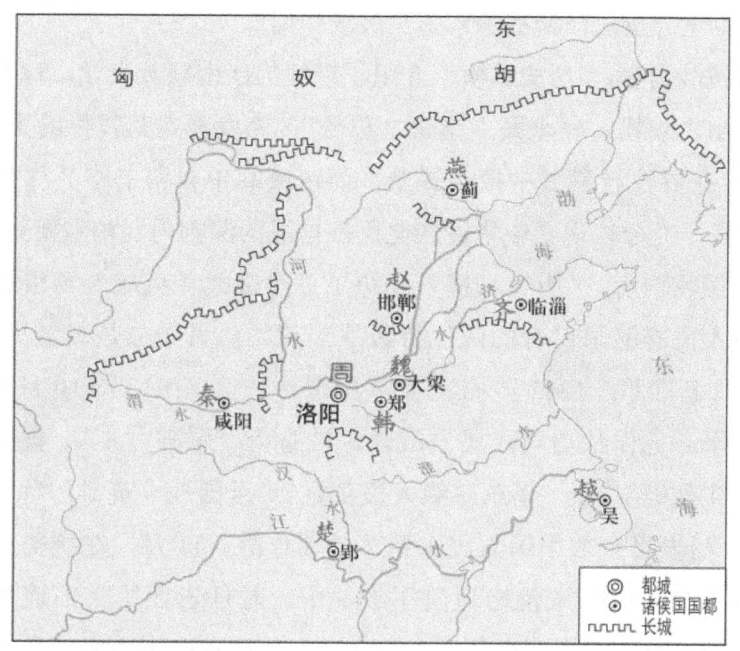

其下地名对照及简介：

洛阳……东周王城，今河南洛阳　　郑……韩都城，今河南新郑

蓟……燕都城，今北京　　　　　　咸阳……秦都城，在今陕西咸阳东北

邯郸……赵都城，今河北邯郸　　　郢……楚都城，今湖北荆州

临淄……齐都城，今山东淄博　　　吴……越都城，今江苏苏州

大梁……魏都城，今河南开封

二、重视革命传统教育

《中外历史纲要》上册革命传统教育，突出红色基因，"系统介绍了中国人民近代近170余年的斗争历史，突出展现了90多年来中国共产党领导中国革命、建设和改革的历史，介绍了毛泽东、周恩来、邓小平等老一辈革命家，以及英雄人物70余人和英雄群体近30个；介绍了中国抗日战争历经14年的史实，强调中国共产党在抗战中发挥的中流砥柱作用，以及中

国战场作为世界反法西斯战争东方主战场作用"。①

全面抗战内容，"历史纵横"介绍了期间的西南联合大学，称赞它"内树学术自由之规模，外来民主堡垒之称号"，高度肯定其发挥的重要作用。"这一内容在以往教科书中很少提及，而统编高中教科书将其作为英雄群体给予体现，充分体现了中华民族全民族抗战的深刻内涵和重要意义。"②

抗美援朝内容，"历史纵横"介绍了"特级战斗英雄"杨根思。杨根思是中国人民志愿军仅有的两位特级战斗英雄，另一位是黄继光。"1944年2月参加新四军，1945年11月加入中国共产党，1950年10月参加中国人民志愿军。他作战勇敢，屡立战功，被誉为'爆破大王'，被评为'华东一级战斗英雄'，获'华东三级人民英雄''全国战斗英雄'称号。1950年10月，杨根思参加中国人民志愿军赴朝作战。11月，在抗美援朝战争第二次战役分割围歼咸镜南道美军战斗中，时任志愿军某部连长的杨根思，奉命带1个排扼守下碣隅里外围107.1高地东南小高岭，负责切断美军南逃退路。29日，号称'王牌'军的美军陆战第1师开始向小高岭进攻，猛烈的炮火将大部分工事摧毁，杨根思带领全排迅速抢修工事，做好战斗准备，待美军靠近到只有30米时，带领全排突然射击，迅猛打退了美军的第一次进攻。接着，美军组织2个连的兵力，在8辆坦克的掩护下再次发起进攻，他指挥战士奋勇冲入敌群，用刺刀、枪托、铁锹展开拼杀，接连击退美军8次进攻。当投完手榴弹，射出最后一颗子弹，阵地上只剩他和两名伤员时，又有40多名美军爬近山顶。危急关头，他抱起仅有的一包炸药，拉燃导火索，纵身冲向敌群，与爬上阵地的美军同归于尽，英勇捐躯。战后，中国人民志愿军领导机关为杨根思追记特等功，并追授'特级战斗英雄'称号，命名他生前所在连为'杨根思连'。"③

---

① 徐蓝、方美玲：《核心素养统领教材的编写和使用——徐蓝先生访谈录》，《历史教学》（上半月刊）2019年第10期，第8页。

② 李卿：《铭记英雄 学习英雄——统编高中历史教科书中关于英雄人物的记述》，《中小学教材教学》2019年第10期，第12页。

③ 姜铁军摘编：《特级战斗英雄——杨根思》，《解放军报》2006年5月9日第3版。

三、关注学术前沿

《中外历史纲要》下册讲述一战时,"在'历史纵横'栏目,介绍了第一次世界大战中的华工,并提供了一张华工在英国军官带领下赴前线挖战壕的照片。华工参加第一次世界大战,是近年来学术界比较关注的问题。中国之所以能够在第一次世界大战后参加巴黎和会,是和十几万华工参加第一次世界大战并对协约国的胜利作出了重要贡献分不开的。"①

统编教材还增加了考古的最新成就,如《国家制度与社会治理》提到的《燕然山铭》石刻。"《封燕然山铭》摩崖最初发现于20世纪90年代。据蒙古国同行讲,1990年时,两位牧民兄弟在岩石底下避雨。雨过之后,猛然抬头间,见雨水冲洗之后的石壁在阳光照射下显露出特殊字迹。"②由于字迹不清,一直未能辨认出是何内容。2017年7月,齐木德道尔吉、高建国二人应邀飞抵蒙古国,实地考察德勒格尔杭爱摩崖,最终确认是89年班固随窦宪出征、大败北匈奴而作的《燕然山铭》。

四、适当采用趣味材料

统编教材的可读性强,力求图文并茂且生动形象,漫画的出现是一大亮点。《中外历史纲要》下册里有三幅:《英国殖民者在非洲的野心》《"大棒政策"》及《古巴导弹危机》,这些漫画不仅增添了趣味性,还一目了然地诠释了相关重大历史事件,体现出一种有深度的趣味。

第三节 "新材料"在中学历史教科书中的渗透策略

教材限于篇幅,不可能详尽描述教学内容,因此可以利用新材料,对

---

① 徐蓝:《历史核心素养统领下统编高中历史教科书的编写》,《课程·教材·教法》2019年第9期,第38页。

② 齐木德道尔吉、高建国:《蒙古国〈封燕然山铭〉摩崖调查记》,《文史知识》2017年第12期,第18页。

所学内容进行适当拓展。拓展重心放在哪里呢？我们认为应放在激发学生兴趣、开拓新的视角及培养思辨能力三方面。

一、采用新异史料，激发学生兴趣

《中外历史纲要》上册第 15 页里有"里耶秦简户籍簿"，展现了秦朝社会风貌——编户齐民。从激趣角度出发，里耶秦简的秦代"身份证"更值得一提，右图是里耶秦简第 8 层第 894 片[①]：

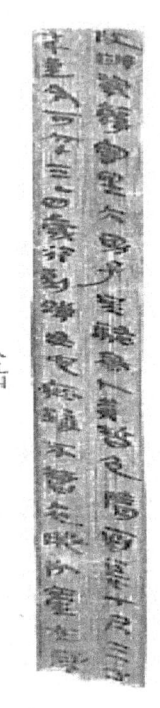

右边释文：故邯郸韩审里大男子吴骚，为人黄皙色，隋（椭）面，长七尺三寸☐

左边释文：年至今可六十三、四岁，行到端，毋它疵瑕，不智（知）衣服、死产、在所☐[②]

此片简虽有残损，尚可通读：成年人吴骚，原籍邯郸韩审里，肤色黄皙，脸型椭圆，身高约 169 厘米（按，秦一尺为 23.1 厘米[③]），目前年龄大约六十三四岁，行为端正，没有缺点，不清楚其衣服、死活、所在地。通过简文的描述，一个活生生的秦代平民形象跃然而出，让我们贴近了秦代那久远的历史。

二、补充教材内容，开拓新的视角

关于秦的统一，教材描述道："公元前 230—前 221 年，秦国采取远交近攻策略，分化瓦解，各个击破，相继灭掉东方六国，建立起第一个统一

[①] 湖南省文物考古研究所编著：《里耶秦简》壹，北京：文物出版社，2012 年版，第 126 页。
[②] 陈伟主编：《里耶秦简校释》（第一卷），武汉：武汉大学出版社，2012 年版，第 244 页。
[③] 唐兰：《商鞅量与商鞅量尺》，故宫博物院编：《唐兰先生金文论集》，北京：紫禁城出版社，1995 年版，第 30 页。

王朝——秦朝，定都咸阳。"①学生经过初中学习，都清楚秦国强大得益于商鞅变法，但作为高中生应该进一步细化认识：

材料一 （张仪）说韩王曰："……山东之士被甲蒙胄以会战，秦人捐甲徒裼以趋敌，左挈人头，右挟生虏。夫秦卒与山东之卒，犹孟贲之与怯夫；以重力相压，犹乌获之与婴儿。夫战孟贲、乌获之士以攻不服之弱国，无异垂千钧之重于鸟卵之上，必无幸矣。"②

——[汉]司马迁《史记·张仪列传》

齐人隆技击，其技也，得一首者则赐赎锱金，无本赏矣。是事小敌毳则偷可用也，事大敌坚则焕离耳。若飞鸟然，倾侧反覆无日，是亡国之兵也，兵莫弱是矣，是其去赁市、佣而战之几矣。魏氏之武卒，以度取之，衣三属之甲，操十二石之弩，负服矢五十个，置戈其上，冠䩌带剑，赢三日之粮，日中而趋百里，中试则复其户，利其田宅。是数年而衰，而未可夺也，改造则不易周也。是故地虽大，其税必寡，是危国之兵也。秦人，其生民也陿阸，其使民也酷烈，劫之以势，隐之以阸，忸之以庆赏，鰌之以刑罚，使天下之民所以要利于上者，非斗无由也。阸而用之，得而后功之，功赏相长也，五甲首而隶五家，是最为众强长久，多地以正，故四世有胜，非幸也，数也。故齐之技击不可以遇魏氏之武卒，魏氏之武卒不可以遇秦之锐士。③

——[战国]荀子《荀子·议兵》

---

① 张海鹏、徐蓝总主编，张帆、李帆主编：《中外历史纲要》上册，北京：人民教育出版社，2019年版，第15页。
② [汉]司马迁撰：《史记》第七册，北京：中华书局，1982年版，第2293页。
③ [清]王先谦撰，沈啸寰、王星贤点校：《荀子集解》下册，北京：中华书局，1988年版，第271-274页。

材料二

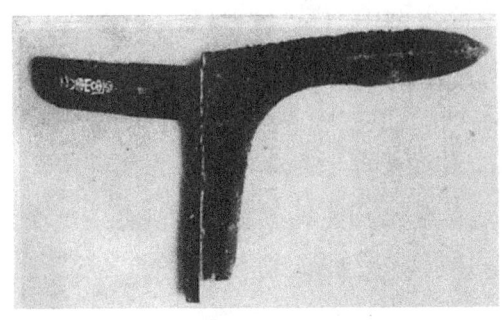 

左图：九年吕不韦戈背面　右图：九年吕不韦戈内部正面铭文摹本，正面铭文为"九年，相邦吕不韦造。蜀守宣，东工守文，丞武，工极，成都"①。

——黄家祥《四川青川县出土九年吕不韦戈考》

竹杆铜镞，秦始皇陵出土。②

——张占民、程学华《秦陵文物精华》

---

① 黄家祥：《四川青川县出土九年吕不韦戈考》，《文物》1992年第11期，第93-94页。
② 张占民、程学华主编：《秦陵文物精华》，西安：陕西人民美术出版社，2000年版，第61页。

秦自商鞅变法，在兵器铸造方面逐步形成一整套管理制度。（一）兵器生产统一计划，明确任务。《秦律杂抄》规定："非岁红（功）及毋（无）命书，敢为它器，工师及丞赀各二甲。"即不属于本年度计划的产品，又没有朝廷命书的情况下，不得擅自制作其它器物。可见铸造作坊每年的生产器物是有统一计划的。……（二）关于兵器制作标准及其工艺程序的规定。《工律》曰："为器同物者，其大小，短长，广亦必等。"即制作相同的器物，大小、长短、宽度必须相同。……（三）关于兵器题铭、检验、评比的规定。为便于检验兵器的质量，秦律制定了一套兵器题铭的制度。《工律》曰："公甲兵各以其官名刻久之，其不可刻久者，以丹若漆书之。"……（四）关于工匠的培养。《均工》规定："新工初工事，一岁半红（功），其后岁赋红（功）与故等。工师善教之，故工一岁而成，新工二岁而成。能先期成学者谒上，上且有以赏之。盈期不成学者，籍书上内史。"明确规定新工第一年、第二年分别完成的产额，过去做过工的一年学成，新工两年学成，提前学成的予以奖励。期满仍不能学成的要报内史。①

——张占民 《试论秦兵器铸造管理制度》

材料一展示秦军战斗力的强大，时人有目共睹。张仪强调秦军不怕死，"赤足露背"作战；荀子具体分析齐之技击、魏之武卒不敌秦之锐士的原因：齐国亦看重斩首，但不管战胜与战败，只是赐八两黄金来赎买，缺少战胜后应有的奖赏，也就没有积极性；魏国选出来的武卒，身体素质及单兵作战能力超强，但缺乏按功行赏，体力衰弱却仍享受待遇，反而影响了国家的税收；而秦国用奖赏诱使人民习惯作战，用刑罚逼迫人民作战，"功赏相长，五甲首而隶五家"，因而战斗力最强且长久，其胜利具有必然性。

材料二展示秦兵器的铸造与统一的管理制度。秦国兵器"物勒工名"，从监造到制作，层层负责，出了问题即可一级一级追责；兵器生产有统一的工艺标准和程序，兵器制造规范化，如"数以千计的三角形铜镞，三个

---

① 张占民：《试论秦兵器铸造管理制度》，《文博》1985 年第 6 期，第 64-65 页。

楞脊的长度，用 0.02 精度卡尺测量，差距不超过十分之一毫米，工艺之精密可见一般"[①]；通过立法确保生产按规定严格执行，奖罚分明。凡此做法，在保证兵器质量的同时，也从武器装备上解决了进行统一战争的后顾之忧。

三、提供不同观点，培养思辨能力

长期以来，我们认为是赵高与李斯篡改始皇遗诏，胡亥得以继位。但是北大藏汉简《赵正书》的出现，提供了另外一种说法，可以提供如下材料，培养学生的思辨能力：

材料一 高乃与公子胡亥、丞相斯阴谋破去始皇所封书赐公子扶苏者，而更诈为丞相斯受始皇遗诏沙丘，立子胡亥为太子。[②]

——［汉］司马迁《史记·秦始皇本纪》

材料二

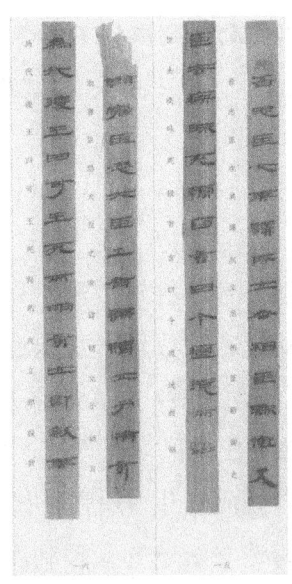

——《赵正书》局部

---

① 张占民：《试论秦兵器铸造管理制度》，《文博》1985 年第 6 期，第 65 页。
② ［汉］司马迁撰：《史记》第一册，北京：中华书局，1982 年版，第 264 页。

释文：丞相臣斯、御史臣去疾昧死顿首言曰："今道远而诏期窘（群）臣，恐大臣之有谋，请立子胡亥为代后。"王曰可。王死而胡亥立……①

——北京大学出土文献研究所编 《北京大学藏西汉竹书》叁（下册）

赵正即秦始皇。材料二与材料一的说法截然不同，立胡亥为太子是李斯等的提议，且得到秦始皇的同意。就材料设问，启发学生思考："为何两段材料会大相径庭？"为便于探究，可以提供有代表性的学者观点：

观点一：该书围绕秦始皇死直至秦亡国的历史，记述秦始皇、李斯、胡亥、子婴等人的言行，部分段落见于《史记》的《蒙恬列传》《李斯列传》，但文句不尽相同，可能是司马迁撰写《史记》时的参考之一。书中对胡亥继位以及秦始皇最后一次巡行路线、赵高之死等事的记载与《史记》不同，提供了西汉前期人讲述秦末历史的一个新文本。它不仅为了解这段历史提供了新认识，而且启发我们思考汉代人的秦史观，具有丰富的历史内涵和很高的史料价值。②

——朱凤瀚、韩巍、陈侃理 《北京大学藏西汉竹书概说》

观点二：历史的事实，只有一个，……可以说，《史记》和《赵正书》的差别，就像《汉书》同《赵飞燕传》《汉武故事》的差别一样：前者是信史，后者或为情色读物，或为神仙家故事，就其纪事的史料价值而言，二者是不可同日而语的。③

——辛德勇 《生死秦始皇》

观点三：《赵正书》的一些记载与《史记·秦始皇本纪》《史记·李斯

---

① 北京大学出土文献研究所编：《北京大学藏西汉竹书》叁（下册），上海：上海古籍出版社，2015年版，第163、190页。
② 朱凤瀚、韩巍、陈侃理：《北京大学藏西汉竹书概说》，《文物》2011年第6期，第53页。
③ 辛德勇：《生死秦始皇》，北京：中华书局，2019年版，第72页。

列传》《史记·蒙恬列传》等有一定出入,而且某些方面有较大的不同,这是值得深入研究的问题,但目前还不能断定何者更符合历史史实。不过,笔者以为,司马迁是一位严肃的史学家,作为太史令,他参考的典籍更为广泛,其中还包括了秦国史书《秦纪》在内。《赵正书》的撰写目的是"以史为鉴",在史实方面未必都经过详尽稽考。因此,对于一些大的史实,在无其他确凿证据的情况下,并不能轻易否定《史记》的记载。[1]

——赵化成 《北大藏西汉竹书〈赵正书〉简说》

观点一认为《赵正书》可能是司马迁撰写《史记》时的参考之一,提供了西汉前期人讲述秦末历史的一个新文本,具有丰富的历史内涵和很高的史料价值;观点二认为《史记》是一部由职业史官撰著的信史,而《赵正书》的内容荒诞,无甚史料价值;观点三认为目前还不能断定何者更符合历史史实,对于一些大的史实,在无其他确凿证据的情况下,不能轻易否定《史记》的记载。让学生选择其中的一个观点,或提出新观点,结合史实进行阐述,展开讨论。

---

[1] 赵化成:《北大藏西汉竹书〈赵正书〉简说》,《文物》2011年第6期,第66页。

第五章 "新材料"在中学历史课堂教学中的实践探析

第一节 教学与历史课堂教学

一、教学

教学的含义是什么？人们的看法不尽相同。

甲骨卜辞刻有教、学二字，但学者对其含义理解不一。"教"字有二义：一即现代"教"之意，如"丁酉卜，其乎（呼）以多方小子小臣其教戒"，郭沫若认为多方即多国，此卜辞是说"殷时邻国，多遣子弟游学于殷"；① 一为地名，如《小屯·殷墟文字甲编》第206片"⋯⋯，戊戌卜雀刍于教"，② 是说戊戌这天，雀（人名）在"教"地取草。"学"字亦有二义：一即教，"如'⋯⋯（王学众——王教众人）'"；③ 一疑为祭祀活动，如《甲骨文合集》第12570片"⋯⋯，丙寅卜⋯⋯贞翌丁卯王其学不遘雨"，④ 是说丙寅这天，⋯（或即奚，占卜者）占卜接下来的丁卯日，商王举行"学"祭会不会下雨。

"教"字的演变轨迹见下表：⑤

---

① 郭沫若：《殷契粹编》，北京：科学出版社，2002年版，第648页。
② 徐中舒：《甲骨文字典》，成都：四川辞书出版社，2014年版，第347页。
③ 赵诚：《甲骨文简明词典——卜辞分类读本》，北京：中华书局，1988年版，第367页。
④ 徐中舒：《甲骨文字典》，成都：四川辞书出版社，2014年版，第348页。
⑤ 季旭昇著：《说文新证》，福州：福建人民出版社，2010年版，第249页。

1 商.甲 1251《甲》	2 商.粹 1162《甲》	3 周晚.散盤《金》	4 春.郘侯簋《金》
5 戰.晉.王何戈《集成》	6 戰.楚.包 99《楚》	7 戰.楚.郭 13.43《張》	8 戰.郭.老甲 12
9 戰.楚.郭 7.5	10 戰.楚.郭 7.5《張》	11 戰.楚.郭 3.18《張》	12 戰.楚.郭 10.4《張》
13 秦陶 485《秦》	14 秦.睡 28.3《篆》《張》	15 西漢.萬年縣官斗《篆》	16 東漢.孔宙碑《篆》
17 魏.三體石經.無逸《篆》			

"学"字的演变情况见下表：①

1 商.鐵 157.4《甲》	2 商.寧滬 395《甲》	3 商.燕 717《甲》	4 商.粹 425《甲》
5 周早.孟鼎《金》	6 周早.沈子它簋《金》	7 春.者汈鐘《金》	8 戰.晉.中山王鼎《金》
9 秦.睡 16.112《篆》	10 西漢.馬.老子甲 59《篆》	11 東漢.曹全碑《篆》	

《说文·支部》载："教，上所施下所效也。……学，觉悟也。"段玉裁注云："《学记》曰：'学，然后知不足；知不足，然后能自反也。'按'知不足'，所谓觉悟也。《记》又曰：'教，然后知困；知困，然后能自强也。故曰：教学相长也。《兑命》曰学学半，其此之谓乎。'按《兑命》上'学'字谓教，言教人乃益己之学半。教人谓之学者，学所以自觉，下之效也；教人所以觉人，上之施也。故古统谓之学者也。"②杨树达指出："古人言语施受不分，如买与卖，受与授，糴与糶，本皆一辞，后乃分化耳，

---

① 季旭昇著：《说文新证》，福州：福建人民出版社，2010 年版，第 250 页。
② [汉]许慎撰，[清]段玉裁注：《说文解字段注》，上海：上海古籍出版社，1988 年版，第 127 页。

教与学亦然。"① 可见，教与学本一字，后来二字才分别开来。"教学一词在英文中也有多种表达，如'teach''instruct''learn'等。一般认为，'teach'常与教师的行为相联系；'instruct'常与教学情景有关系，强调教学过程；'learn'则侧重学习之义。"②

目前，国内外学术界对"教学"一词有不同的认识和理解。"一般可以从广义和狭义两个层面来认识和理解教学这个概念。从广义上讲，教学是指教育者指导学习者所进行的一切有目的的学习活动。教育者的行为会使学习者的行为产生一些变化。从狭义上讲，教学特指在学校中教师引导学生进行的一切学习活动。其中教师有目的地进行教，以引导学生学习知识，形成技能、态度和能力，身心得到发展。"③

二、历史课堂教学

课堂教学是一个动态过程。教学过程结构，"是指教学过程内部各个组成环节及其在时间上的有机联系或相互作用的方式或顺序"。④ 随着课程改革的不断深入，教学过程逐步转型——由"听讲"转为"探究"，"从行为主义'感知—记忆—理解—判断'等相对封闭的教学程式，到建构主义的'问题（环境）—对话（理解）—生成（协作）—意义化'的开放模式，教学由'是什么、为什么、教什么、联系什么'，到'如何审辨（critical thinking）、如何统觉(apperception)、如何解释、如何表现"⑤。历史教学过程分为准备阶段和实施阶段。

（一）准备阶段即备课

《礼记·中庸》载："凡事预则立，不预则废。言前定则不跲，事前定

---

① 杨树达著：《积居微金文说》（增订本），北京：中华书局，1997年版，第169页。
② 杨小萍主编：《高等教育学》，重庆：重庆出版社，2006年版，第112页。
③ 周仕德主编：《新编课程与教学论》，北京：中国人民大学出版社，2015年版，第81-82页。
④ 黄甫全主编：《现代课程与教学论》（第三版），北京：人民教育出版社，2014年版，第321页。
⑤ 于友西、赵亚夫主编：《中学历史教学法》，北京：高等教育出版社，2017年版，第76页。

则不困，行前定则不疚，道前定则不穷。"① 说明事先必须准备充分，方能保证课堂教学流畅无碍。所有准备凝聚于教学设计或教案，教案编写可从以下方面着手：

1. 研析课标

课程标准，"即学科课程标准，是国家制定的基础教育课程的基本规范和质量要求，是课程计划中每门学科以纲要的形式编写的、有关学科教学内容的指导性文件"②。2017 年版课标已经将三维目标整合为学科核心素养，深度理解核心素养至为关键。

以时空观念为例，马克·布洛赫指出，"历史的时间"是"实实在在的活生生的现实，它一直向前，不可逆转。正是在时间的长河中，潜伏着各种事件，也只有在时间的范围内，事件才变得清晰可辨。……这种真正的时间，实质上是一个连续统一体，它又是不断变化的。"③ 这种将时间看作一个连续统一且不断变化的时间观，如何落实到高中历史教学，何成刚等提出的"历史教学语境下的时序观念"值得借鉴，即"在历史叙述中树立时间意识，学会运用时间术语来进行历史陈述；在历史分析时要重视资料文献中时间的价值与作用；在时间的背景下把握历史的变迁与延续、原因与结果"。④

高考文综全国卷非常重视考查"在时间的背景下把握历史的变迁与延续、原因与结果"，2017 年文综全国Ⅰ卷第 25 题即是典型案例。

原题：

---

① [宋]朱熹撰：《四书章句集注》，北京：中华书局，1983 年版，第 31 页。
② 杨秀治主编：《教育学》，济南：山东大学出版社，2007 年版，第 114 页。
③ [法]马克·布洛赫著，张和声、程郁译：《为历史学辩护》，北京：中国人民大学出版社，2006 年版，第 23 页。
④ 何成刚、沈为慧、陈伟壁：《历史教学中时序观念的培养》，《历史教学》(中学版) 2012 年第 1 期，第 18 页。

表1

皇帝纪年	公元纪年	郡级政区
汉高帝十二年	前195年	15郡
汉文帝十六年	前164年	24郡
汉景帝中元六年	前144年	68郡、国
汉武帝元封五年	前106年	108郡、国

表1为西汉朝廷直接管辖的郡级政区变化表。据此可知

A．诸侯王国与朝廷矛盾渐趋激化

B．中央行政体制进行了调整

C．朝廷解决边患的条件更加成熟

D．王国控制的区域日益扩大

此表采用大事年表的形式，反映了朝廷直接管辖的郡级政区的变化，从高帝刘邦时中央政府控制的15郡到武帝时的108郡、国，表明西汉中央政府在近90年的时间内，通过削藩、平定七国之乱、颁布推恩令等一系列措施，清除了王国势力的威胁，加强并巩固了中央集权，从而为中央政府集中精力来解决边患、特别是匈奴的威胁提供了条件。

相当多学生做错此题，究其原因，学生只能看到西汉中央政府清除了王国势力的威胁，加强并巩固了中央集权，但是想不到这为朝廷解决边患提供了有利条件，也就是看不到历史的变迁与延续。这说明平常上课，必须加强这方面的训练。

如何加强学生对历史的变迁与延续的理解，可以把握两个方面：

其一，利用大事年表。长期以来，我们只是用大事年表来记忆重大历史事件，探讨同一时期内政治、经济和文化之间的关系，却忽略了同一事件在不同时期的发展变化和影响。可喜的是，这种情况已有改观。2017年7月在成都举行的"学科素养与历史教学"全国学术研讨会上，由北京101中学陈昂老师执教的公开课《商鞅变法——强国之道的再省思》，就体现了这种思考。

通常教师在讲授《商鞅变法》一课时，对于其影响一般采用教材的表述，如"变法使秦国国富兵强，为秦统一中国奠定了基础"[1]。这种结论性表述难以留下深刻印象。陈昂老师则独辟蹊径，解决了这一问题。

首先，出示商鞅变法之后的大事年表[2]：

十年：	行法十年，秦民大说，道不拾遗，山无盗贼，家给人足
	商君相秦十年，宗室贵戚多怨望者
	赵良曰：相秦不以百姓为事
	秦俗日败。……不同禽兽者亡几耳
	秦人富强，天子致胙於孝公，诸侯毕贺
二十年：	车裂商君……遂灭商君之家（前338年）
百年：	长平之战，坑赵卒四十万
	秦卒死者过半，国内空（前260年）
	灭周，迁九鼎于咸阳（前256年）
百三十年：	六王毕，四海一（前221年）
	却匈奴七百余里，胡人不敢南下而牧马
百五十年：	（刘邦约法三章）秦人大喜，争持牛羊酒食献飨军士
	山东豪俊遂并起而亡秦族
	一夫作难而七庙隳，身死人手，为天下笑（前206年）
二百二十五年：	汉武帝：罢黜百家，独尊儒术（前134年）
三百年：	汉宣帝：霸王道杂之（前73－前48年）
二千年：	百代都行秦政法

---

[1] 张海鹏、徐蓝总主编，张帆、李帆主编：《中外历史纲要》上册，北京：人民教育出版社，2019年版，第11页。

[2] 陈昂：《历史的回响——"商鞅变法：强国之道的再省思"一课的再省思》，《中学历史教学参考》2017年第9期，第49页。

然后，从"百年视角""千年视角"两个视角进行考察，让学生思考、探究、讨论，从历史长河中把握历史的变迁与延续，很好地落实了时空观素养的培养。

其二，避免历史人物的"概念化""脸谱化"。历史人物纵观其一生，思想、活动总是处于动态变化之中的，不能拿其某一阶段的表现当成其终生写照。以前在讲授《启蒙运动》涉及康德的思想时，出示康德"一天起居生活时间表"：①

4：15	浪泊叫醒康德。康德命令：无论他怎么赖床，浪泊都必须把他从床上提溜起来。这是康德一生中最激烈的斗争，但每次都以浪泊胜利告终。
5：00	喝两杯茶，抽一斗烟，备课。康德严格规定自己每天只抽一斗烟，终生不变。但随着年纪增加，烟斗越来越大。
7：00—9：00	在一楼教室上课。
9：00—12：45	写作。康德的三大批判都完成于这个时间段。
12：45	下楼待客。对迟到的客人一律赏以长脸。
13：00—16：00	康德生活中的唯一高潮：与自己点名邀请的友人共进午餐。
16：00—17：00	散步。
17：00—22：00	看书。书房温度要求恒定15度。
22：00后	22点一到他立刻上床，且终生沾枕头即着。康德睡觉，铺床和盖被子都有严格程序。为保障睡眠连续性，他在夜壶上绑根绳子，晚上起夜不用点灯下床，直接拽过夜壶即可。

本想以此表来说明康德的自律思想，不料学生在课后则认定康德就是一个刻板、毫无生活乐趣之人。正如谢文郁指出："人们津津乐道的康德晚年那像钟表一样呆板而准确的生活节律，以此说明康德思想的严密性和

---

① 陈伟国：《高中历史新课程教学札记（六）启蒙运动》，《中学历史教学》2009年第3期，第23页。

精确性。于是，我们获得这样一个康德印象：没有生活趣味、没有生存关注、没有情感发泄、在思想上精益求精、除了思辨还是思辨等等。这是一个概念化了的康德。康德作为思想家是活生生的。"①

的确，康德是一个活生生的人，比如他热衷于社交，即使在他养成了像钟表一样呆板而准确的生活节律之后，也是如此——康德64岁时，"虽然康德在家里开伙，并定期邀请朋友到家里共进晚餐，但是那并不表示他从此不再出外用餐。如前所述，星期天他通常在马瑟比家吃饭。博罗夫斯基说：'他是上流社会宴会里的常客，也时而出席好友愉悦的晚宴，午餐的邀请几乎是来者不拒，晚餐的邀请则几年来都没有再接受过'"②。

有鉴于此，笔者在处理这一问题时，补充了相关材料：

材料 康德作为一个教师，必须讲授许多课以维持生活。……康德后来曾经叙述："在1770年，我因为升任逻辑与形而上学的教授，而必须在七点开始讲课。当时我雇了一个仆人来叫醒我。"在那以前，康德从未在八点以前上课。因此，康德的生活规律性有一部分是拜政府之赐。早起并不是他自己的选择，而是因为公务。

朋友与旧识是康德想留在哥尼斯堡的原因之一。康德在他的出生地觉得很自在。长久以来，他经常获邀参加当时重要家族的餐宴或聚会，在凯泽林克的官邸中与贵族交游，与哥尼斯堡的商贾与俄国军官保持来往。……他的"优雅"与文质彬彬的举止，在学者当中十分少见。③

——[美]曼弗雷德·库恩著，黄添盛译 《康德传》

这两段材料，一则用以说明康德也不是完美之人，其生活节律有一部

---

① [美]曼弗雷德·库恩著，黄添盛译：《康德传》，上海：上海人民出版社，2008年版，第2页。

② [美]曼弗雷德·库恩著，黄添盛译：《康德传》，上海：上海人民出版社，2008年版，第379页。

③ [美]曼弗雷德·库恩著，黄添盛译：《康德传》，上海：上海人民出版社，2008年版，第241、256-257页。

分是外在压力（材料中的"拜政府之赐"）所致；二则用以说明康德不是一个刻板之人，他在社交圈里很受欢迎。

《普通高中历史课程标准》（2017年版2020年修订）对"时空观念"的解释是："在特定的时间联系和空间联系中对事物进行观察、分析的意识和思维方式。任何历史事物都是在特定的、具体的时间和空间条件下发生的，只有在特定的时空框架当中，才可能对史事有准确的理解。"①因此，在理解"特定"这个词时，不能将其静态化，必须注重时序观念的动态发展。

2. 整合教材

目前整合教材，一般采用主题、专题或大概念教学的方式。叶小兵认为："对教材进行整合的目的，并不是改变或删减教材的内容，而是使教材内容更为集约，更加突出主干和重点，更适于实际的教学周数和时数的操作，使教材的可学性和实效性更为提升。"②所言极是。此外，整合教材还需注意：

（1）深挖所选材料与各知识点之间的联系。一则材料的解读，若能囊括全部知识点，是为最佳；仅涉及重点、难点，则又次之。以《中外历史纲要》上册《秦统一多民族封建国家的建立》一课为例，探究琅琊刻石，可以联系此课大部分知识点。

材料

维秦王兼有天下，立名为皇帝，乃抚东土，至于琅邪。……与议于海上。曰："古之帝者，地不过千里，诸侯各守其封域，或朝或否，相侵暴乱，残伐不止，犹刻金石，以自为纪。古之五帝、三王，知教不同，法

---

① 中华人民共和国教育部制定：《普通高中历史课程标准》（2017年版2020年修订），北京：人民教育出版社，2020年第2版，第5页。

② 叶小兵：《钻研新教材，用好新教材——统编高中历史必修教材使用的若干建议》，《历史教学》（上半月刊）2020年第8期，第4页。

度不明,假威鬼神,以欺远方,实不称名,故不久长。其身未殁,诸侯倍叛,法令不行。今皇帝并一海内,以为郡县,天下和平。昭明宗庙,体道行德,尊号大成。群臣相与诵皇帝功德,刻于金石,以为表经。"①

——[汉]司马迁《史记·秦始皇本纪》

琅琊刻石残石②

分析此刻石内容,可以探讨商周政治制度、春秋战国思想文化、商周时期的疆域、中央集权与地方分权、秦汉政制对后世影响,等等。无须展示更多材料,从而节省宝贵的教学时间。

(2)初中、高中的教学衔接。历史学科的延续性与连贯性很强,初中与高中的教学衔接,至关重要。其中,教材的衔接是一个重要内容。奥苏贝尔认为:"影响学习的唯一的最重要的因素,就是学习者已经知道了什

---

① [汉]司马迁撰:《史记》第一册,北京:中华书局,1982年版,第246-247页。
② 中国国家博物馆编著:《中华文明:古代中国文物陈列精萃》,北京:中国社会科学出版社,2010年版,第277页。

么。要探明这一点，并应据此进行教学。"① 因此，有必要梳理、对比初中和高中的教材相关内容，找出各自的侧重点。以隋唐内容为例，统编版七年级下册用一个单元五节课进行叙述，涉及的知识点分布如下：

政治	经济	思想文化
581年杨坚建立隋朝，589年灭陈统一全国；科举制；隋炀帝派人三赴流求；隋炀帝暴政，618年隋亡。618年，李渊建立唐朝；唐太宗"贞观之治"：制定法律，三省六部制，进士科，考察政绩，用人唯贤，开明的民族政策，天可汗；武则天创立殿试；唐玄宗"开元盛世"，整顿吏治；文成公主入藏、金城公主入藏，唐蕃会盟碑；渤海郡、安西都护府、北庭都护府；节度使，杨贵妃，安史之乱；藩镇割据；黄巢起义；907年朱温建立后梁，唐朝灭亡；五代十国，《韩熙载夜宴图》，后周世宗改革。	隋编订户籍，统一币制和度量衡；含嘉仓；开通大运河。唐太宗减轻劳役负担，发展生产；武则天时期，经济持续发展；唐玄宗发展经济，改革税制；曲辕犁、筒车；蜀锦；越窑青瓷、邢窑白瓷、唐三彩；商业繁荣，开元通宝，长安是国际性大都会。	赵州桥；唐玄宗注重文教，编修经籍；开放的社会风气，兼容并包；唐诗，诗仙李白、诗圣诗史杜甫、白居易；书法颜真卿《颜氏家庙碑》、柳公权、欧阳询《九宫成醴泉碑铭》；阎立本《步辇图》、吴道子《送子天王图》；音乐、舞蹈；《唐本草》、药王孙思邈《千金方》；敦煌莫高窟；遣唐使，《弘法大师行状绘词》；鉴真东渡；和同开珎；新罗崔致远《桂苑笔耕》；玄奘西行，《大唐西域记》，"印度"一词由来；大食。

《中外历史纲要》上册关于隋唐内容，集中在第6-8课，涉及的知识点分布如下：

---

① [美]奥苏伯尔著，佘星南、宋钧译：《教育心理学——认知观点》，北京：人民教育出版社，1994年版，扉页。

政治	经济	思想文化
581年杨坚建立隋朝，589年灭陈统一全国；隋文帝改革；隋炀帝暴政，征伐高丽，618年隋亡。618年，李渊建立唐朝；唐太宗"贞观之治"，开明的民族政策，天可汗；武则天改国号为周；唐玄宗"开元盛世"；皇帝的谥号、庙号、年号；渤海郡王大祚荣、安西都护府交河故城、回纥、《职贡图》，唐蕃和亲、唐蕃会盟碑、长庆会盟；安史之乱、藩镇割据、宦官专权、朋党之争；黄巢起义；907年朱温废唐称帝，建立后梁，五代十国，后周世宗改革。科举制；三省六部制。	隋炀帝开通大运河。唐初均田制、租庸调制；780年杨炎，两税法；曲辕犁；唐三彩。	三教并行；唐诗，诗仙李白、诗圣诗史杜甫、白居易、元稹；书法颜真卿"颜体"《多宝塔感应碑》、柳公权"柳体"《金刚经碑》、怀素《自叙帖》；画圣吴道子；敦煌莫高窟《胡旋舞》；赵州桥；雕版印刷术《金刚经》、火药配方、火箭；僧一行测算出地球子午线长度；药王孙思邈《千金方》、《唐本草》；玄奘西行，鉴真东渡；学问僧空海，唐招提寺；长安是国际性大都会。

从两表可以看出，初中的知识点基本涵盖了高中的知识点，高中增加的内容不多，包括"皇帝的谥号、庙号、年号"；"宦官专权、朋党之争"；"均田制、租庸调制"；"杨炎和两税法"；"怀素《自叙帖》"；"雕版印刷术《金刚经》、火药配方、火箭"；"僧一行测算出地球子午线长度"；"学问僧空海、唐招提寺"等。据此，高中教学应重点落在第7课"隋唐制度的变化与创新"，包括三个子目：选官制度、三省六部制、赋税制度。

由于初中与高中的教学要求不同，重复内容也需要对比，确定是否需要加以深化。以三省六部制为例，统编版七年级下册的表述为：

贞观时期……在政治上，进一步完善三省六部制，明确中央机构的职权及决策程序，脚注：三省：中书省、门下省和尚书省；六部：吏部、户部、礼部、兵部、刑部和工部。①

《中外历史纲要》上册的表述为：

魏晋南北朝时期，尚书台改称尚书省，与中书省和门下省形成三省，它们共同辅助决策，行使权力。隋文帝时，中央正式确立了三省六部制。隋唐时期，三省的职权分工明确，又彼此制约。中书省负责草拟皇帝的诏令；门下省负责审核诏令，有不妥者驳回；尚书省负责执行，下设吏、户、礼、兵、刑、工六部，分工处理各项具体政务。三省长官共议国事，执宰相之职。唐太宗时常给品位较低的官员以宰相名号，扩大任用宰相的范围。宰相议事的地方叫政事堂，后改称中书门下。政事堂的设立，提高了工作效率，三省出现了一体化的趋势。三省六部制的确立和完备，是中国政治制度的重大变革，对此后历朝产生了深远影响。②

可见，高中内容涉及了三省六部出现的背景、运作程序及影响，是对初中内容的深化和阐释。如果相同知识点，高中内容并未深化，即可一笔带过，避免相同内容重复，既节省了教学时间，又保证了教学深度。

3. 关注学生

苏霍姆林斯基说："在人的心灵深处，都有一种根深蒂固需要，这就是希望感到自己是一个发现者、研究者、探索者。"③因此，一节课成功与否，就看教学设计如何。围绕学生兴趣，开展课堂探究，采用何种教学方法、选择什么材料、设置哪类问题、布置哪种作业，值得为此绞尽脑汁。

---

① 齐世荣总主编，瞿林东、叶小兵主编：《义务教育教科书·中国历史七年级下册》，北京：人民教育出版社，2016年版，第8页。
② 张海鹏、徐蓝总主编，张帆、李帆主编：《中外历史纲要》上册，北京：人民教育出版社，2019年版，第39-40页。
③ [苏]瓦·阿·苏霍姆林斯基著，杜殿坤编译：《给教师的建议》（修订本），北京：教育科学出版社，1984年版，第59页。

4. 基于学业水平考试

课堂设计的问题，应与学业水平考试的设问一致。因为学业水平试题的命制依据是课程标准，全面考查学生的能力和素养。2020年广东省初中学业水平考试历史试题，"全面贯彻落实深化考试内容改革和发展素质教育的考查要求，以考试命题核心功能的发挥为目标，重点考查核心价值、必备知识、关键能力和学科素养，突出了价值引领、考查内容和考查形式创新三大亮点，充分体现了教育部初中学业水平考试命题改革的方向"。①2020年高考历史全国卷试题，"充分发挥考试的积极导向作用，坚持立德树人根本任务，突出关键能力考查，加强教考衔接，彰显教育考试公平"。②

学业水平考试加强了教考衔接，教学也应与之相适应，因此选用试题需格外用心，淘汰陈旧过时之题目，挑选代表当今潮流之题目，以落实发展素质教育的考查要求。

（二）实施阶段即教学

教学过程是师生互动的过程，包括导入、创设情境、调动和运用知识、巩固知识及小结环节。教学方法的选择，是一节课成败的关键。随着课程改革的深入，学生主体地位日益凸显，打破了长期以来的教师"一言堂"格局，课堂教学呈现勃勃生机。但是，有些教学模式硬性规定教师课堂上只能讲几分钟，剩下的时间全由学生包干。这种刻意削弱教师地位的做法，值得商榷。

教学有法而无定法，贵在得法。说明在具体教学中，并不存在"放之四海而皆准"的万能方法。教学方法的选择，需要从学情、教材内容难易、教具等诸多方面考虑，而不是某种固定模式。此外，教师自身的魅力不容忽视。学识渊博、谈吐风趣的教师，一直深受学生尊敬，对学生影响

---

① 广东省教育考试院：《传承人类文明 创新情境创设 凸显核心功能——2020年广东省初中学业水平考试历史试题评析》，《广东教育》2020年增刊，第47页。

② 教育部考试中心：《知史爱国 读史明智——2020年高考历史全国卷试题评析》，《中国考试》2020年第8期，第8页。

至深。卢湘父曾回忆康有为,其学识之渊博,令人印象深刻:"康师讲学不设书本,讲席上惟茶壶茶杯,余无别物。但讲至及半,馆童必进小食,点心、粉面不等。盖康师娓娓不倦,辄历二三小时,耗气不少,故须食料以补充之。"①

回想我的中学时代,教学独树一帜的是刘宝琴和黎才禄老师。刘老师讲授历史,上课必带自制地图教具,绘声绘色讲解历史事件的来龙去脉;黎老师讲授地理,上课不带地图教具,粉笔一挥,一幅世界或中国地图即入眼帘,侃侃而谈世界各国或国内各省的地形物产。学生听得津津有味,何来分神。《论语·子罕》载:"颜渊喟然叹曰:'仰之弥高,钻之弥坚,瞻之在前,忽焉在后。夫子循循然善诱人,博我以文,约我以礼,欲罢不能。'"②如此夫子,让他多讲几分钟又何妨。

第二节 "新材料"在中学历史课堂中的讲授运用

美国心理学家杰罗姆·布鲁纳指出:"按照理想,学习的最好刺激,乃是对所学材料的兴趣,而不是诸如等级或往后的竞争便利等外来目标。"③新课程改革的一个明显趋势,是力图打破学科的封闭性,促进各学科之间的交流与碰撞。从这点出发,在教学中引入新材料,可以提升教学质量。

一、英文材料的讲授运用

(一)英文材料教学与双语教学的不同

《朗曼应用语言学词典》录有"双语教育"(Bilingual education)一词,释义:"The use of a second or foreign language in school for the teaching

---

① 夏晓虹编:《追忆康有为》,北京:生活·读书·新知三联书店,2009年版,第181页。
② [清]阮元校刻:《十三经注疏》下册,北京:中华书局,1980年版,第2490页。
③ [美]布鲁纳著、邵瑞珍等译:《布鲁纳教育论著选》,北京:人民教育出版社,1989年版,第29页。

of content subjects."①即"能在学校里使用第二语言或外语进行各门学科的教学"。一般认为"第二语言"与"外语"是不同的概念。"第二语言有两种不同的界定：第一，把在非本族语国家里学习一种非本族语的语言称为第二语言。第二，指母语或第一语言以外的任何一种语言。外语则指的是在本族语国家学习一种非本族语的语言。……尽管第二语言和外语有不少相似之处，但两者却存在明显差异。与第二语言相比，外语至少有以下几点明显的不同：（1）缺乏语言环境，而第二语言学习者有着广泛的语言环境支持；（2）语言输入量不足，而第二语言学习者可以整天沉浸在所学语言的环境里；（3）外语学习者往往带有明显的工具性动机，学习语言的内驱力明显不如第二语言学习者；（4）能获得的语言交际能力远不及第二语言学习者。"②同加拿大、新加坡、印度等双语国家不同，中国的语言环境并不是中外并重，缺乏第二语言，故其双语教学应指除汉语外，用一门外语作为课堂主要用语来组织的学科教学，而当中所说的"外语"从中国实际情况来看是英语。

贺雪斐认为："由于学校的教育状况、师资水平和学生的学习能力本身存在差异，根据英语教学在课堂中的不同地位，双语历史教学可以分成三个层面：一、英语渗透型的双语教学。……历史双语教学的第一个层次，应以中文课本为依据的汉语教学为主体，引入历史专业词汇、历史事件名称等关键词，增加学生的英语词汇量，使学生多一些机会接触英语。还可以印发一些英语资料，学生通过阅读英语资料感性、直接地了解学科的知识体系，开拓学生的视野。二、英语整合型的双语教学。……双语教学的第二个层面。在课堂教学中，教师交替使用中英文，将汉语和英语整合起来，不分主次，互为主体。历史教师可以结合日常的教学，适时地将英语整合到教学活动之中。可以先将一些通俗易懂、生僻词较少的原版教材和

---

① Jack Richards, John Platt, Heidi Weber: Longman Dictionary of Applied Linguistics, Longman Publishing Group, Burnt Mill, Harlow, Essex CM20 2JE, England, 1985, p.28.
② 闫露：《双语教育的概念界定、实施模式和分析框架》，《中小学英语教学与研究》2002年第2期，第1页。

历史事件用英语教学，也可以将最新的学科动态用英语向学生介绍，还可以请学生用英语来回答和讨论，来提高学生的英语运用和理解能力。三、英语主体型的双语教学。双语教学的第三个层面，即最高层次。就是在课堂教学中，在熟练掌握英语的基础上，以英语教学为主体。这对师生提出了很高的要求，不仅要有相当的词汇量、语法结构和英语的背景知识，而且要有相当的学科功底，能同英语思维者一样思考。"①

从双语教学的概念及运用层面来看，英文材料教学主要是运用汉语教学，所以和双语教学采用英语教学为主有着本质区别，但是在教学过程中适当渗透一些英文材料，又和双语教学的第一个层面有类似之处，均可达到增加学生的词汇量和多接触英语之目的。

（二）引用英文材料的方法

谚曰："条条大路通罗马。"在教学中引入英文材料没必要受限于模式的制约，应根据实际情况，灵活穿插，达到提高学生兴趣和扩大眼界之目的即可。做法如下：

1. 专有名词的引入。专有名词包括人名、地名、国际组织名称。引入人名，一般是让学生拼读出来即可，如在讲述《战后资本主义的新变化》时，可以这样提问："New Economy"是战后资本主义发展的一大新变化，它出现于下列哪一位美国总统在位时

A．Herbert C.Hoover

B．Ronald W.Reagan

C．Bill C1inton

D．F.D.Roosevelt

"New Economy"是"新经济"之意，出现于20世纪90年代克林顿担任美国总统期间。故答案为 C。

引入地名时，从提高学生兴趣出发，最好解释地名含义，如美国"弗

---

① 贺雪斐：《对高中世界历史双语教学的思考、实践和探索》，《历史教学问题》2002年第4期，第43—44页。

吉尼亚"州（Virginia）源于"In honor of Elizabeth I, 'Virgin Queen' of England"，即纪念伊丽莎白一世，因其终身未婚，被称为"处女女王"，Virginia 即 Virgin（童贞女）转变而来。这其中还有一段有趣的故事："1584 年 4 月，沃尔特·罗利爵士派菲利浦·阿马达斯和阿瑟·巴洛率船两艘，驶向北美海岸进行先期考察。两船于同年 7 月抵达今北卡罗来纳海岸以外的附陆小岛罗阿洛克。此岛长约 16 公里、宽 3.2 公里，岛上树林茂密，适宜居住，只是没有可停靠大船的港湾。探险者们在那里逗留数周，一边考察，一边和当地土著居民交易，在 9 月间返回英国，带回一袋珍珠、几个印第安人和一些关于北美的传说。罗利取'处女地'之意，将这个地方命名为'Virginia'（弗吉尼亚），以博取伊丽莎白女王的欢心；女王作为回报，加封罗利为骑士。罗利以为女王会在经济上支持他组织移民，但女王只答应以船队加以支援。他只好自己掏腰包来实施建立定居地的计划。"[1] 另外，国外地图的运用也应重视。

引入国际组织名称时，一般是先将其英文缩写打出来，然后让学生说说其英文全称。比如世界贸易组织的简称是 WTO，其英文全称为 "World Trade Organization"；又如联合国的简称是 UN，其英文全称为 "United Nations"。

2. 国外漫画的引入。石国鹏认为："在历史教学辅助材料中，漫画往往占据一个虽不显眼但很重要的地位。一幅选材及表现手法适当的历史漫画，可以帮助学生理解很复杂的历史情境。"[2] 此外，漫画表现出来的讽刺与幽默效果，也会将教学中的沉闷一扫而光。如讲述戈尔巴乔夫改革失败导致苏联解体时，可以采用下面这幅漫画[3]：

---

[1] 刘绪贻、杨生茂总主编，李剑鸣著：《美国通史》第Ⅰ卷，北京：人民出版社，2008年版，第 92 页。

[2] 石国鹏：《历史教学中英文网络资源的利用》，《历史教学》（中学版）2007 年第 1 期，第 29 页。

[3] Edmund Valtman, Valtman: The Editorial Cartoons of Edmund S.Valtman, 1961–1991.Baltimore, MD: Esto, Inc.1991, p.15.

第五章 "新材料"在中学历史课堂教学中的实践探析

此画作者是美国漫画家埃德蒙·沃特曼（Edmund S.Valtman），绘于1991年。展示漫画后，要求学生判断走在送葬队伍的最前头的人是谁？图中可以看到在COMMUNIST PARADISE（共产主义天堂）有三个人，从上到下依次是马克思、斯大林和列宁，在最下部有句话"I CAN'T BELIEVE MY EYES!"（我不敢相信我的眼睛）这应该是他们三人说的，因为戈尔巴乔夫手拿花圈带着一帮人把他们三人为之奋斗的社会主义苏联埋葬了。漫画用夸张手法表现出列宁和斯大林的惊奇，这与戈尔巴乔夫的神态自若形成鲜明对比。学生在笑过之后，再来作一番苏联为何会解体的探讨，这样的教学效果更令人满意。

3. 英文论著、文章等片断的引入。这也作为课堂教学的"点睛之笔"来运用的。要想妙笔生花，就需要引文短小精悍、切合教学需要。如讲述《古希腊的民主政治》时，可以引用伯利克里《在阵亡将士国葬礼上的演说》的一段话：

"Our constitution does not copy the laws of neighbouring states; we are rather a pattern to others than imitators ourselves. Its administration favours the many instead of the few; this is the why it is called a democracy."①

译文:"我们的政治制度不是从我们邻人的制度中模仿得来的。我们的制度是别人的模范,而不是我们模仿任何其他的人的。我们的制度之所以被称为民主政治,因为政权是在全体公民手中,而不是在少数人手中。"②

先让学生翻译,然后根据教材内容评价古希腊民主政治的局限性——真正掌握权力的是极少数男性上层公民。

在教学实践中,要想让英文材料起到激发兴趣、开阔眼界的效果,需与学生英文功底相适应,不然,基础薄弱的学生因看不懂材料而表现出茫然无知或漠不关心,基础好的学生又会因为材料太容易而觉得索然无味。

二、趣味材料的讲授运用

所谓"趣味材料"是指让人觉得愉快、因之兴趣盎然的材料。"趣味材料"因其"有趣"、学生喜欢而颇受教师青睐。从教学实践看,学生比较热衷故事类(尤其是逸闻趣事)、图片类(特别是漫画)等方面的"趣味材料"。这些有趣味的材料,如果运用恰当,可以打破课堂的沉闷,激发学生的兴趣,恢复历史教学的生气。在教学中,"趣味材料"通常用于情境导入环节,以吸引学生的眼球。除此之外,还有助于学生理解教学重点难点、人物思想。

教学重点、难点是教学过程中需要着力加以突破之处,运用"趣味材料"充当"调味品",既能让学生易于接受,又可减轻其负担,是一条行之有效的办法。

如关于古代中国牛耕的出现,城市学生由于缺乏有关农耕的相关体

---

① Robert Maynard Hutchins, editor in chief: Great Books Of The Western World Volume 6. Herodotus Thucydides. Chicago IL: Encyclopedia Britannica, InC. 1952, P.396.

② [古希腊]修昔底德著,谢德风译:《伯罗奔尼撒战争史》,北京:商务印书馆,2018年版,第147页。

验，难以引发其思考。为此，可用下面两则材料：

材料一

图一　　　　　　　　图二　　　　　　　　图三

图一：牛尊，商。1977年湖南衡阳市郊出土。①

图二：铜牛尊，西周。1967年岐山县贺家村出土。②

图三：牺尊，春秋。1923年山西浑源李峪村出土。③

材料二　使乌获疾引牛尾，尾绝力勌而牛不可行，逆也。使五尺竖子引其棬，而牛恣所以之，顺也。④

——《吕氏春秋·重己》

通过观察商、西周和春秋时期的牛尊，对比其不同，学生可以发现春秋时期的牛尊有了鼻环，再加上大力士乌获与小孩牵牛的夸张对照，学生在轻松愉悦中就掌握了古人利用牛耕种的史实。

教材中有各色人物，如何让其鲜活从而让学生记忆深刻，通过展示人物的"趣味材料"来教学，效果明显。这些"趣味材料"主要包括人物的外貌特征、个性化语言和逸闻趣事。

如分析秦始皇时，可用《史记·秦始皇本纪》的记载："秦王为人，

---

① 中国历史博物馆编：《简明中国文物辞典》，福州：福建人民出版社，1991年版，第75页。
② 陕西省博物馆藏宝录编辑委员会编：《陕西省博物馆藏宝录》，上海：上海文艺出版社、香港：三联书店（香港）有限公司，1995年版，第24页。
③ 中国历史博物馆编：《简明中国文物辞典》，福州：福建人民出版社，1991年版，第75页。
④ 许维遹撰：《吕氏春秋集释》上册，北京：中华书局，2009年版，第22页。

蜂准，长目，挚鸟膺，豺声，少恩而虎狼心，居约易出人下，得志亦轻食人。"① 通过秦始皇外貌及其为人处世的描写，有助于正确评价秦始皇的功与过。

又如梁启超，可引用他人描述，以见识其才华与风采：

在一个风和日丽的下午，高等科楼上大教堂里坐满了听众，随后走进了一位短小精悍秃头顶宽下巴的人物，穿着肥大的长袍，步履稳健，风神潇洒，左右顾盼，光芒四射，这就是梁任公先生。

他走上讲台，打开他的讲稿，眼光向下面一扫，然后是他的极简短的开场白，一共只有两句，头一句是："启超没有什么学问——"眼睛向上一翻，轻轻点一下头："可是也有一点喽！"这样谦逊同时又这样自负的话是很难得听到的。他的广东官话是很够标准的，距离国语甚远，但是他的声音沉着而有力，有时洪亮而激亢，所以我们还是能听懂他的每一字，我们甚至想，如果他说标准国语，其效果可能反要差一些。

……

先生博闻强记，在笔写的讲稿之外，随时引证许多作品，大部分他都能背诵得出。有时候，他背诵到酣畅处，忽然记不起下文，他使用手指敲打他的秃头，敲几下之后，记忆力便又畅通，成本大套地背诵下去了。他敲头的时候，我们屏息以待，他记起来的时候，我们也跟着他欢喜。②

趣味材料，尤其是漫画，在教学中存在运用不当的情况，比如下题：

外国人眼中的中国

---

① [汉] 司马迁撰：《史记》第一册，北京：中华书局，1982年版，第230页。
② 梁实秋著：《人间况味》，天津：天津人民出版社，2019年版，第150-151页。

第五章 "新材料"在中学历史课堂教学中的实践探析

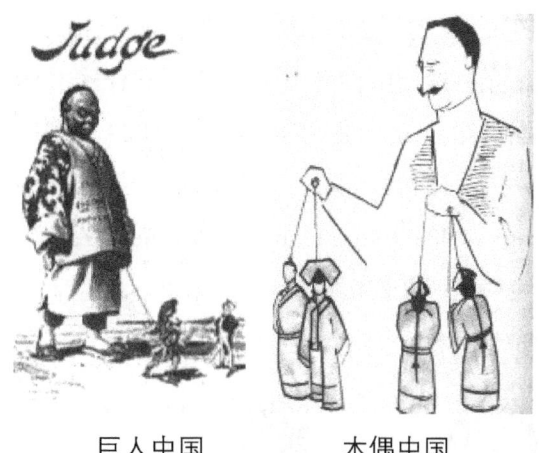

巨人中国　　　　木偶中国

图画说明：《巨人中国》反映的是18世纪初期外国人心目中的中国形象，图中的清朝巨人居高临下，上面的英文"Judge"意为主宰者。《木偶中国》反映的是20世纪初期外国人心目中的中国形象，图中以慈禧太后为首的清政府就像列强手中的扯线木偶。

问：

（1）概括中国古代史的相关内容指出外国人眼中的"巨人中国"形成的主要原因。

（2）"木偶中国"形成的原因是什么？西方侵略者先后在中国操纵哪些"木偶"控制中国？

此题源于网络，因材料吸引学生，常为教师所用。根据题干"图画说明"，《巨人中国》让人感觉是一幅赞美中国的漫画。事实并非如此，理由如下：

其一，该画作者是 Grant Hamilton，此画为美国《Judge》杂志所用，作为封面。"Judge"是杂志名称（封面上有"TITLE REGISTERED AS A TRADE MARK"），而非用以说明中国巨人是"主宰者"。"Judge"是本讽刺杂志，意为"评判、断定"，1881-1947年在美国出版。其发起人是一些

119

脱离竞争对手《PUCK》杂志的艺术家，创始人包括漫画家詹姆斯·阿尔伯特·威尔斯、廉价小说出版商弗兰克·图西和作家乔治·H.杰索普。

其二，据封面的最上面一行"Vol.40 No.1024 JUNE.1..1901"，可知这本杂志1901年6月1日出版，第40卷第1024号，此时应是周刊；其左下角有一行"Copyright 1901 Judge Company of New York"，可知，出版社是Judge Company，公司总部设在纽约。

其三，分析细节。①

细节一：这个清朝巨人的形象，虽然高大，但不能称为"居高临下"，因为他毫无气势，垂头、低眉顺眼、脖子套着绳子，双手下垂。胸口写有"CHINA 600.000.000 POPULATION"，即"中国6亿人口"。此处的高大，作者意图似乎是指人口数量庞大。

细节二：在清朝巨人的前面，有两小人，其一是头盔上写有"EUROPE"的欧洲武士，右手牵拉套着巨人之绳，左手执剑，上写"300.000.000 POPULATION"，即"欧洲3亿人口"；其二是美国山姆大叔，左手叉腰，右手执一牌，上书"78.000.000 POPULATION"，即"美国7800万人口"。此处的矮小，作者意图似乎是指人口数量相对中国太少。

---

① Judge. [Image]. In HathiTrust Digital Library. Retrieved from https：//babel.hathitrust.org/cgi/pt?id=iau.31858045778481&view=1up&seq=351&skin=2021

其四，此画的最下面有"A THOUGHT""UNCLE SAM.-'If China only knew his strength, or if a Chinese Napoleon should show himself, how long would this giant submit to being led about by little Europe？'"说明了此画的意图——美国认为：如果中国知道他的实力，或者，如果一个中国拿破仑现身，这个巨人会屈服于小欧洲的领导多久？

综上，此画不能代表"18 世纪初期外国人心目中的中国形象"，而应是 20 世纪初期一部分美国人心目中的中国形象，他们认为中国觉醒了就会崛起。故而，以之命题来表达 18 世纪初期西方人对中国的景仰，不妥当。此外，限于孤陋寡闻，未能找到《木偶中国》的明确出处。从其绘画风格来看，画面过于简洁，不似 20 世纪之初西方漫画，反倒颇像今人一些漫画风格，因此推测为今人所作。若此，题干所言"20 世纪初期外国人心目中的中国形象"就有问题，应该是现代人心目中的晚清中国形象。

毫无疑问，作为材料的一种，"趣味材料"的运用原则离不开材料教学的一般原则，但是因其"趣味"特性，在教学运用中应有所取舍，特别突出其教育意义。有趣的东西泛滥，存在三方面的弊病："首先，从课堂管理的角度说，有趣的东西泛滥，不利于课堂秩序的维持。……其次，从教学内容看，滥用有趣味的东西往往会损害本质内容。……最后，从培养学生思维的角度看，滥用有趣味的东西会矮化学生的历史思维。"[①] 故而，"趣味材料"应该在一些关键知识点上使用，不能泛滥、充斥于整个课堂。

三、古文字材料的讲授运用

学术界倾向认为成熟隶书之前的汉字为古文字，主要包括甲骨文、金文、战国文字、小篆及早期隶书等。

（一）古文字材料的价值

商周历史对于现在的学生来说过于遥远，再加上现行教材中关于这段历史的描述过于简略，致使学生经常反映难于理解那个时代的社会状况。

---

① 李玉、汪美良：《历史教学仅仅有趣是不够的》，《中学历史教学》2012 年第 12 期，第 23 页。

古文字的构形意图离不开特定的历史背景,且具有"图画"的特点(即所谓"依类象形"),形象直观,十分适合用于理解、记忆上古史。如"莫"字,"现在的莫字在字形上已很难看出它的涵义了,看来看去总是'莫名其妙'。但追溯起它的历史来,其'庐山真面目'却正是地地道道的一种落日的景象。……甲骨文里出现的一部分莫字:▨▨▨▨。▨代表草,▨是树林,中间的日或▨象征太阳,这些字的涵义就是:太阳落到草莽里去了,隐没在树林中了。天快黑了,在野外劳累了一天的人们该回家休息了。日未出而作,日既入而未息的劳动者才会留心这种现象,有深切的感受。可以说,这是古代中原地区的劳动者对落日长期观察、体会的结晶。"①适当运用古文字于教学之中,可"一箭双雕":一方面有助于激发学生的学习兴趣,另一方面又有助于学生了解上古的历史文化,进而确立中国是世界文明古国的理念,培养家国情怀。

(二)古文字材料的运用方法

1. 情境导入,激发兴趣。常言道:"万事开头难。"一个良好的开始,就意味着教学成功了一半。此法适用于刚开始接触商周史之时,一般的做法是出示朝代名称的甲骨文或金文,然后解释其意,再配以其先祖的神话传说,"未成曲调先有情",吸引住学生,激起其学习的欲望。如讲述西周时,写出"周"的甲骨文"▨、▨",金文"▨、▨",指出其形"像在一大块方整而有田界的农田中农作物很茂盛的样子",②其中的小点就像庄稼的形状,然后介绍周族是个农耕民族,相传其始祖就是被认为是开始种稷和麦的人——后稷,他的出生颇具传奇色彩,引用《史记·周本纪》的阐述:"周后稷,名弃。其母有邰氏女,曰姜原。姜原为帝喾元妃。姜原出野,见巨人迹,心忻然说,欲践之,践之而身动如孕者。居期而生子,以为不祥,弃之隘巷,马牛过者皆辟不践;徙置之林中,适会山林多人,迁之;而弃渠中冰上,飞鸟以其翼覆荐之。姜原以为神,遂收养长之。初欲

---

① 陈炜湛著:《古文字趣谈》,上海:上海古籍出版社,2005 年版,第 3 页。
② 杨宽著:《西周史》,上海:上海人民出版社,2003 年版,第 40 页。

弃之，因名曰弃。"①之后转入正文。

2．重点讲解，深化理解。商周史中的政治经济制度（分封制、宗法制和井田制）是课标要求重点掌握的，如果上课只是对其概念上的阐释，学生还是难以全面理解、掌握其含义，课堂气氛也比较沉闷。为解决这个问题，可以先出示相关制度的关键字，让学生仔细观察字形，猜其含义，然后再配以材料（文字或图片等）加以说明。比如，讲解宗法制时，为加深学生对宗法制的纽带——血缘的理解，教学设计如下：

先出示一组"宗"字：甲骨文 ，金文 ，在学生分组讨论其义之后，指出"宗"字中的"宀"（ ）是房屋之形，"示"（ ）是神主之形，即为祖宗所作牌位的形状，用木或石做成。因此，"宗"应当是屋中立神主之形。

接着出示相关材料：

材料一

图一

图二

---

① ［汉］司马迁撰：《史记》第一册，北京：中华书局，1982年版，第111页。

图一 "宗"字示意图①

图二 江南祠堂、神主牌位和宗子祭祖②

材料二

宗，尊祖庙也。从宀示。③

——[东汉]许慎《说文·宀部》

由传子之制而嫡庶之制生焉。夫舍弟而传子者，所以息争也。兄弟之亲本不如父子，而兄之尊又不如父，故兄弟间常不免有争位之事。④

——王国维《殷周制度论》

由上述材料，可以得出结论，"宗"就是祖庙，是祭祀祖先的地方。"祠堂"拉近了学生对宗法制的距离，从而较好地理解血缘在宗法制中的地位。宗法制是按照血缘远近以区别亲疏的制度，而这样做的目的是在家族内部确立地位、财产的继承权，避免内部之间的相互争夺，维护了稳定与团结。

3. 一般介绍，一笔带过。在了解商周的社会状况时，从节省时间考虑，有些知识点就不作详细介绍了，可用选择题的形式来处理。如商朝的农业情况，可用2009年宁夏、辽宁文综第24题：

右图是甲骨文的"年"字，该字由两部分组合而成，上部为"禾"。卜辞中常见"有年""大有年"的记载。据此，"有年"的意思应是

A．人寿年丰

B．祈盼丰收

---

① 谷衍奎编：《汉字源流字典》，北京：语文出版社，2008年版，第725页。
② 王静著：《祠堂中的宗亲神主》，重庆：重庆出版社，2008年版，第10、25、40页。
③ [汉]许慎撰，段玉裁注：《说文解字注》，上海：上海古籍出版社，1988年版，第342页。
④ 王国维著：《观堂集林》第二册，北京：中华书局，1959年版，第456页。

C．庄稼收获

D．祭祀谷神

【答案】C。

古文字距今太久远，字形变化很大，导致后人考释众说纷纭、莫衷一是。因此，采用学术界的主流说法用于教学比较合适。学术界不存在主流看法的字，例如"民"字，有奴隶说，有庶人说等，最好舍弃不用。

又如，甲骨文中是否存在"蚕"字及"蚕神"，目前学术界未统一意见，尚有争论。

1916年，甲骨学奠基者罗振玉出版《殷墟书契后编》，其上卷收录一片甲骨（见图一），所刻内容为："……十宰，𤔲五宰，𤓰示三宰。八月。"① 1924年叶玉森在《研契枝谭》中认为："𤓰，疑象蚕形，即蚕之初文。蚕示，乃祀蚕神。"② 这是释"蚕"的开始，之后学者多从其说。如，1972年胡厚宣在《殷代的蚕桑和丝织》一文中说："现在再从甲骨文字来看，姑以孙海波《甲骨文编》及岛邦男《殷墟卜辞综类》为据，甲骨文中有桑、蚕、丝、帛等字。……蚕字从叶玉森、郭沫若、闻一多、陈邦怀及《续甲骨文编》释。"并对图一甲骨进行了释读："宰为一牡一牝之合称。这是祖庚或祖甲时某年八月某日占卜祭某神用十宰，祭𤔲神用五宰，祭蚕神用三宰之辞。"③

图一

---

① 罗振玉著：《殷墟书契后编》卷上，叶正渤：《〈殷墟书契后编〉考释》，北京：商务印书馆，2019年版，第62页。

② 叶玉森：《研契枝谭》，手写石印本，载《学衡》杂志，1924年7月第31期。

③ 胡厚宣：《殷代的蚕桑和丝织》，《文物》1972年第11期，第4-5页。

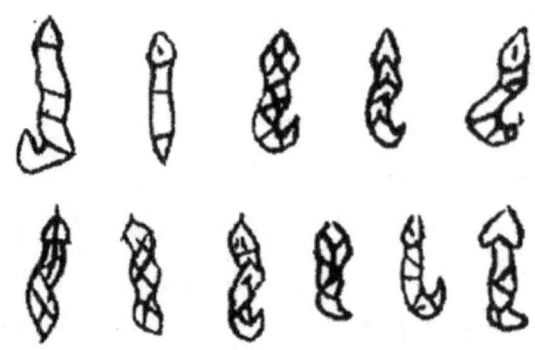

图二

1979年，张政烺发表《释"它示"——论卜辞中没有蚕神》指出，叶玉森等人所释的"蚕"其实是"它"，"它"是象形字，本义是一种短蛇。"《甲骨文编》收入十一字入附录，今观其字形绝不像蚕，头大颈细，头与身有明显的区分，身上似有鳞纹，而尾巴是弯曲着，皆与蚕形不同。"（如图二所示）同时，张政烺认为："'它'的本义是蛇，但它示并非蛇神。有一些甲骨学家释为蚕示，以为是蚕神，也不对。"因此，图一应理解为"……大[示]十宰，**ʓ**五宰，它示三宰。八月。""大[示]十宰"是大示共十人，每人一宰，故十宰。"**ʓ**五宰"是**ʓ**示共五人，每人一宰，故五宰。"它示三宰"是指它示共三人，每人一宰，故三宰。通过相关卜辞论证，张政烺进一步指出，甲骨文中"'元示'与'二示'并称，犹'大示'和'它示'并称，前者指直系先王，后者指旁系先王。"①

张政烺的观点论证严谨，论述充分，得到了于省吾、赵诚等著名学者的支持，如1983年于省吾撰文认为："陈梦家《殷墟卜辞综述》已释'**ʓ**示'为'它示'。张政烺……认为卜辞元示即大示，它示即二示。按元示与它示对文成义，陈、张之说确不可易。但是，自叶玉森释它为蚕，学者

---

① 张政烺：《释"它示"——论卜辞中没有蚕神》，中国古文字研究会、中华书局编辑部：《古文字研究》第一辑，北京：中华书局，1979年版，第63-70页。后收录于《张政烺文史论集》，北京：中华书局，2004年版，第514-520页。

多靡然从之，而不知其非。"[1]

但是，学术界关于"蚕"字及"蚕神"之有无仍未达成一致意见。1994年，白寿彝总主编的《中国通史》第三卷出版，书中认为："当时的商王把能吐丝作茧的蚕当作一种神，叫做'蚕示'（《后上》28·6），就是蚕神。"[2]1999年，胡厚宣主编《甲骨文合集释文》出版，释 𧒒 为"蚕"。[3]2003年，胡厚宣与胡振宇合著《殷商史》出版，重申此观点。[4]

商代是否出现了蚕及丝绸品，已经为现代考古发掘所证明。1953年在安阳大司空村商墓出土的陪葬品中有蚕形玉，共有七节，"保存完整。扁圆长条形，白色，长3.15厘米"。（如图三所示，见原文图版17）[5]1937年瑞典丝织物学者西尔凡"曾发现在马尔米博

图三

物馆所藏殷代青铜觯上，及远东古物博物馆所藏殷代青铜钺上，都有绢丝断片……认为在殷代觯与钺上所附着的绢织物，其技术已发达到绫织的阶段。"[6]1950年在安阳武官村晚商大墓出土有丝织物的遗痕，"有铜戈一……裹有极细绢纹"[7]。1973—1974年河北省文物管理处对藁城台西商代遗址进行了考古发掘，在其"殉葬品中有不少青铜容器和武器上往往发现有丝织品痕迹……从出土情况看，它们有的是覆盖在器物上的，有的则是缠裹于器物外的。（如图四所示）……据观察，其形态和麻、毛等纤维截然不同，而和蚕丝纤维的形态非常近似。……再对纤维的断面进行观察，在扫描电

---

[1] 于省吾：《释蠿》，上海市博物馆编：《上海博物馆集刊——建馆三十周年特辑》，上海：上海古籍出版社，1983年版，第1页。

[2] 白寿彝总主编、徐喜辰等主编：《中国通史》第三卷，上海：上海人民出版社，1994年版，第614页。

[3] 胡厚宣主编：《甲骨文合集释文》，北京：中国社会科学出版社，1999年版，第753页。

[4] 胡厚宣、胡振宇著：《殷商史》，上海：上海人民出版社，2003年版，第614页。

[5] 马得志、周文珍等：《1953年安阳大司空村发掘报告》，《考古学报》1955年第9册，第55页。

[6] 胡厚宣、胡振宇著：《殷商史》，上海：上海人民出版社，2003年版，第606页。

[7] 郭宝钧：《1950年春殷墟发掘报告》，《考古学报》1951年第5册，第17页。

子显微镜的屏幕上,可以比较清楚地看到丝胶包伏下的两个吐丝孔,它的开头和蚕丝的钝三角形接近。(如图五所示,见原文图版104)因此,初步判定铜觚上的纤维是蚕丝纤维"①。由此可见,商代已有蚕桑事业是毫无疑问的,按常理来说甲骨文中应该有蚕字才对,这也是目前学术界还有争论的原因所在。王玉哲认为:"或许当时蚕也以名蛇的'它'字名之,或许另有'蚕'字而我们尚未认出。"②这似乎是一种更易为人所接受的看法。

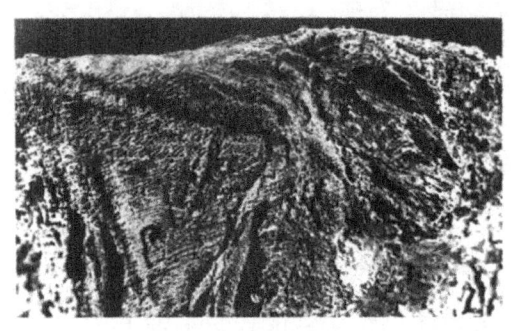 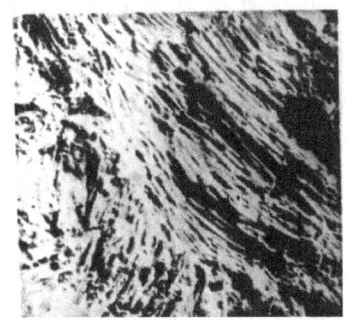

图四　　　　　　　　　　　图五

此外,古文字因为没有定型,存在多种写法,应选取学生容易辨认理解的字,一方面不会因学生辨认过久而浪费宝贵的教学时间,另一方面也可以让学生觉得有成就感,从而保持对教学内容的兴趣,提高教学效率。

第三节　"新材料"在中学历史课堂中的教学评价运用

教学评价,"是对教学行为及其效果进行价值判断的过程,是为教师和与教学有关的方面提供教学状况的信息,提供改进、完善与探究建议的课程改进与开发活动,是教学的有机组成部分"③。课堂教学评价可分为教

---

① 河北省文物研究所编:《藁城台西商代遗址》,北京:文物出版社,1985年版,第145-146页。
② 王玉哲著:《中华远古史》,上海:上海人民出版社,2000年版,第319页。
③ 聂幼犁:《中学历史教学评价的理论与实践》(一),《中学历史教学参考》2003年第9期,第4页。

师评学生、学生评学生、学生自评三种类型。

中学历史教学的效果,以是否达成《普通高中历史课程标准》的"学业质量水平"为准。林德田据此制定了《历史学科核心素养课堂观察与评价表》①,操作性强,极大方便了课堂教学评价。此评价表略为美中不足,缺少了学生合作交流部分,故稍作修改如下:

"新材料"课堂教学评价表

级		课题					
时间		地点		授课教师			
维度（任选）	视角重点	简要描述 具体内容请参考《课程标准》附录1		水平层次			
				1	2	3	4
唯物史观 □	立场	运用唯物史观的立场探讨历史问题					
	观点	历史观点的正确性					
	方法	运用科学的方法论解决历史问题					
时空观念 □	时间	按时序建构历史的准确度					
	空间	按空间要素建构历史的准确度					
	联系	构建时空联系的框架认识历史					
史料实证 □	价值	获取史料途径、方法及价值					
	辨析	整理史料去伪存真、去粗取精					
	结论	通过史料得出历史结论的客观性					

---

① 林德田:《基于历史学科核心素养的课堂教学评价初探》,《历史教学》(上半月刊) 2018年第12期,第36页。

续表

级			课题					
时间			地点		授课教师			
历史解释□	理解	辩证、客观地理解历史的能力						
	描述	描述历史，提示因果关系，表达看法						
	求真	解释历史，与历史真实的接近度						
家国情怀□	态度	以人文情怀并关注现实问题						
	视野	认识中国国情，并具有国际视野						
	三观	世界观、人生观和价值观						
合作交流□	倾听	认真倾听他人的意见						
	理解	准确理解他人的思想						
	民主	通过民主方式表达自己的观点						
综合等级：待合格□ 合格□ 良好□ 优秀□								
综合评语						评价人： 年　月　日		

新历史课程标准教学评价观的重新定位，由三维目标转向素养立意，表明对历史教学评价认识的逐步深入，值得进一步研究。

第四节 "新材料"在中学历史课堂中的教学设计举例

2004年12月15日，教育部关于印发《中小学教师教育技术能力标准（试行）》的通知（教师[2004]9号），指出教学设计（Instructional

Design）："又称为教学系统设计（Instructional System Design），是指主要依据教学理论、学习理论和传播理论，运用系统科学的方法，对教学目标、教学内容、教学媒体、教学策略、教学评价等教学要素和教学环节进行分析、计划并作出具体安排的过程。"①

新材料教学，依据布鲁纳建构主义和马斯洛需求层次理论进行教学设计，根据教学目标和内容确立教学主题，合理营造问题情境，围绕主题进行历史知识的系统学习、能力训练和思想提升，从而培养学科素养、形成核心价值。其框架示意图如下：

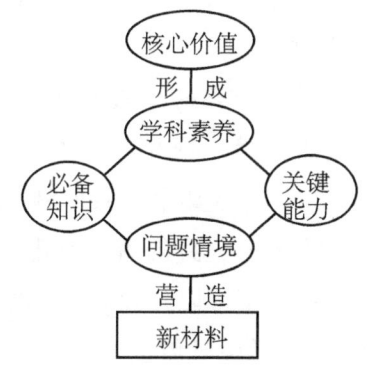

下面试举三例：

【例一】　　　　高中岳麓版历史必修Ⅰ　第1课　夏商制度和西周封建

夏商西周作为中华文明的源头，"这个阶段的社会发展积累了巨大的前进动力，创造了相当可观的社会财富和独具特色的制度与文化，在中国古史和世界古史上都占据着重要的地位"，②其重要性不言而喻。但是这段历史距今久远，虽在初中已有所涉及，学生仍然感觉比较陌生难懂。为此，在确定主题时，需要更多地贴近学生的实际。依据《普通高中历史课程标准（实验）》要求"了解宗法制和分封制的基本内容，认识中国早期政治

---

① 教育部关于印发《中小学教师教育技术能力标准（试行）》的通知，[EB/OL].[2004-12-15]. http://www.moe.gov.cn/srcsite/A10/s6991/200412/t20041215_145623.html

② 晁福林：《夏商西周社会史》，北京：北京师范大学出版社，2010年版，第15页。

制度的特点"①，以中国早期政治制度特点作为落脚点，将承载宗族血缘关系的姓氏作为契合点。姓氏，作为标志家族系统的称号，是人们进行社会交往的先决条件，比如人们一见面，常用语就是"您贵姓？"从姓氏角度切入，学生没有丝毫违和感。《通志·氏族略》载："周武王克商，乃求舜后以备三恪，得胡公满，封之于陈，以奉舜祝。……（陈）湣公二十四年，楚惠王使子西之子公孙朝伐陈而灭之。子孙以国为氏。"②这段记载说明陈姓是舜帝后代，陈姓"以国为氏"而来，其由来跟分封制、宗法制密切相关。鉴于班上陈姓学生较多的情况，同时陈姓又跟胡、姚、王、袁、孙、田、陆、车等姓同源，这样可以吸引更多学生的注意力，所以确定"寻根：陈姓的由来"作为本课主题。

主题确立后，需要重新整合教材。适当增补史料、采用故事叙述的方式是学生比较容易接受的选择。据此，对本课的框架作了比较大的变动，以"寻根：陈姓的由来"贯穿其中，将此课划分为三个子目："有虞氏——陈姓的血缘先祖"，"陈国——舜的后裔所建之国"，"以国为姓——陈姓的由来"。在具体的教学过程中，以陈姓公认的先祖——舜导入此课，然后出示有虞氏的相关材料，让学生理解夏商时期的政治制度；再以陈国的建立及兴亡，理解西周的分封制与宗法制，探讨分封制、宗法制与礼乐制度之间的关系；最后通过梳理整课内容，归纳出中国早期政治制度的特点，在此基础上，就如何认识传统文化在当今社会的价值进行思维的延伸和拓展。

情境教学应根据历史教学内容和学生的心理特点，创造一个场合，一种气氛，让学生走进历史，感悟历史。为使本课的主题立意引发学生的学习兴趣，同时有效激发学生探究问题的欲望，导入时笔者借助"图文趣谈"设计如下：

展示陈字的金文写法：

---

① 中华人民共和国教育部：《普通高中历史课程标准（实验）》，北京：人民教育出版社，2003年版，第5页。

② [宋]郑樵著，王树民点校：《通志二十略》（上册），北京：中华书局，1995年版，第55页。

第五章 "新材料"在中学历史课堂教学中的实践探析

陈侯鬲　　　齐陈曼臣（簋）①

先让学生猜一猜是什么字，激发其学习兴趣，之后说明是"陈"字。设问：班上陈姓同学知道自己始祖是谁？出示舜的图片。

帝舜②

教师介绍：注意图中"大孝"二字，说明舜是个非常孝顺的人。舜出生于有虞氏部落，故称虞舜；因为生活在妫水边，而得名妫舜；还有个名字叫重华，是指拥有双瞳仁，非同凡人。他的生活经历丰富，"在历山耕种，在雷泽捕鱼，在黄河边上作陶瓦器，在寿丘做过各种器具，在负夏做生意。父亲瞽叟不讲德义，母亲丝毫不讲信义，弟弟象狂傲，都想杀舜。舜顺从他们一点不违背作儿子作哥哥的道义，想杀他时，找不到他；有事要寻找他时，他又出现在父母身边"③。舜因其至孝，得到了尧的赏识，经过种种考验之后，尧将部落联盟首领的位置禅让给了舜。

在前面阐述的基础上，设问：舜是如何成为陈姓始祖的呢？今天我们

---

① 容庚：《金文编》，北京：中华书局，1985年版，第942页。
② 卢彦泓著：《中华姓氏通史·陈姓》，北京：东方出版社，2002年版，第11页。
③ 许嘉璐主编：《二十四史全译·史记》第一册，上海：汉语大词典出版社，2004年版，第7页。

来一次寻根之旅。展示课题《寻根：陈姓的由来——夏商制度与西周封建》

情境创设、问题探究都离不开史料的选择和运用。史料在教学中运用不当，"会导致三种尴尬的局面：一是学生的阅读速度和水平，不可能在短时间内完成；二是史料的过度开发势必导致内容臃肿、繁杂，让学生不知所云；三是在解读史料的过程中使教学过程'沟壑纵横''支离破碎'"[①]。有鉴于此，本课从学生的认知规律和兴趣出发，选择其易于接受且有一定趣味的史料，吸引学生主动地学习和探究历史。在材料选择和问题设计时，紧紧围绕主题中"寻根：陈姓的由来"和"夏商制度与西周封建"两个方面的联系来进行，把"夏商制度与西周封建"相关内容的理解与掌握，充分溶解在"寻根：陈姓的由来"的史实剖析中进行。

一、有虞氏——陈姓的血缘先祖

这一子目探究夏商时期的政治状况，此时期的有虞氏是夏商王朝的一个诸侯国。出示两则材料：

材料一 周朝的大部分诸侯国，特别是姬姓诸国……它和夏商以来旧的诸侯国不同，其建立和巩固不仅与周王朝息息相关，并且和周王朝有主从关系。这跟夏商时代的方国、部落联盟，诸侯国和夏商王朝之间基本上处于平等的联合状态的情况不可同日而语。[②]

——晁福林《夏商西周社会史》

材料二 舜已崩，传禹天下，而舜子商均为封国。夏后之时，（舜后人的侯位）或失或续。[③]

——［汉］司马迁《史记·陈杞世家》

---

① 李惠军、邹玉峰：《引入史料要游刃有余　解读史料要掘井及泉——以〈封邦建国与礼乐文化〉为例》，收录于何成刚、张汉林、沈为慧主编：《史料教学案例设计解析》，北京：北京师范大学出版社，2016年版，第14页。
② 晁福林著：《夏商西周社会史》，北京：北京师范大学出版社，2010年版，第251页。
③ ［汉］司马迁撰：《史记》第五册，北京：中华书局，1982年版，第1575页。

《世本》：陈遂，舜后。宋衷注：虞思之后，箕伯直柄中衰，殷汤封遂于陈，以为舜后。①

——[汉]宋衷注，[清]茆泮林辑《世本》

引导学生思考：商代实行什么政治制度？能有效地控制诸侯国吗？有虞氏与中央政权的关系如何？

结论：在内服与外服制度下，商王与诸侯国的首领未必有血缘关系，商王对诸侯国的控制有限，没有主从关系，基本上处于平等的联合状态，故诸侯国有很大的自主权，就会与中央政权时常处于敌对或时服时叛的状态。

过渡：西周是如何解决这个问题的？

二、陈国——舜的后裔所建之国

这一子目重点探究西周时期的分封制，在出示三则材料的同时，特地配上胡公满画像，满足学生的好奇心。

胡公满画像②

材料一 武王追思先圣王，乃褒封神农之后于焦，黄帝之后于祝，帝尧之后于蓟，帝舜之后于陈，大禹之后于杞。于是封功臣谋士，而师尚父为首封。封尚父于营丘，曰齐。封弟周公旦于曲阜，曰鲁。封召公奭于燕。封弟叔鲜于管，弟叔度于蔡。余各以次受封。③

——[汉]司马迁《史记·周本纪》

---

① [汉]宋衷注，[清]秦嘉谟等辑：《世本八种》，北京：中华书局，2008年版，第30页。
② 胡文经著：《胡姓的源与流》，北京：线装书局，2011年版，第3页。
③ [汉]司马迁撰：《史记》第一册，北京：中华书局，1982年版，第127页。

材料二 武王克殷，找到了虞舜的后裔妫满，封之陈（今河南淮阳），是为胡公。……《左传》襄公二十五年记载陈的祖先虞阏父（胡公之父）的事迹说："昔虞阏父为周陶正，以服侍我先王（周武王）。我先王赖（嘉奖）其利器用也，与其神明（虞舜）之后也。庸（乃）以元女（长女）大姬配（嫁给）胡公。"……古代在江淮以北，今河南山东之间，以及苏北沿海，曾经散布着许多不同的古老的氏族部落，如颛顼之族，偃嬴之族、淮夷之族，以及尧舜禹夏商的后人。陈的北方邻近有夏后的杞，商后的宋，西南有徐楚等。周统治者把亡国之余的人民分封于这个区域，是有它的政治意义的。

——白寿彝《中国通史》第三卷上册①

材料三 西周分封示意图②

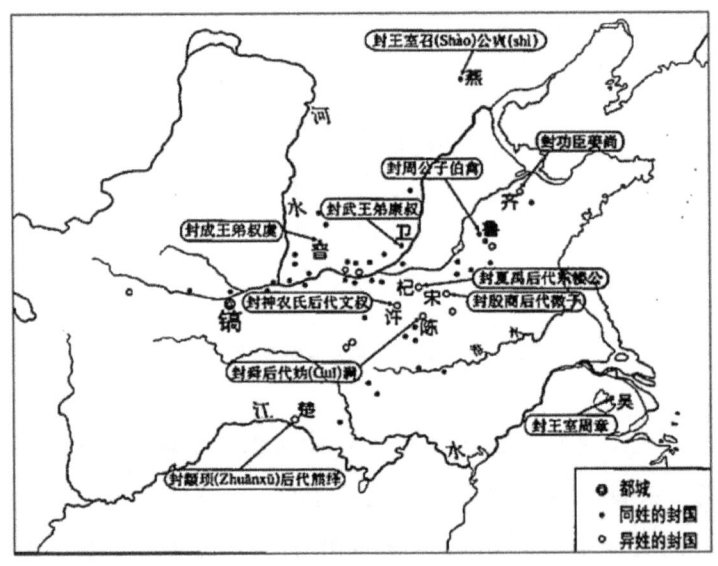

---

① 白寿彝总主编；徐善辰、斯维至、杨钊主编：《中国通史》第三卷上册，上海：上海人民出版社，南昌：江西教育出版社，2015年版，第765—766页。

② 人民教育出版社、课程教材研究所、历史课程教材研究开发中心编：《普通高中课程标准实验教科书　历史　必修Ⅰ》，北京：人民教育出版社，2007年第3版，第5页。

结合教材，引导学生思考、讨论：周初的受封对象、分封内容、重要诸侯、诸侯义务和权利、分封目的（政治意义）。

结论：西周的诸侯主要是同姓（姬姓）王族，说明西周加强了对诸侯的控制，形成一个"天子——诸侯——卿大夫——士"的等级秩序，解决了夏商王朝对附属国控制力有限的问题。诸侯对天子的义务更加明晰，等级观念更为严格，因此分封制是内服与外服制度的继承和发展。

拓展延伸：陈国在当时的地位如何？从材料一来看，陈国是西周之初最早所封之国，而被誉为"第一功臣"的吕尚被封齐国，及武王同母兄弟周公之子所封鲁国都在其后；从材料二来看，周武王与陈国联姻，把长女嫁给胡公满，是重视陈国的表现。这些都说明陈国在当时地位之高。

过渡：建国后，陈国的发展情况如何？

三、以国为姓——陈姓的由来

这一子目重点探究分封制、宗法制与礼乐制度之间的关系。出示三则材料：

材料一　陈国世系图

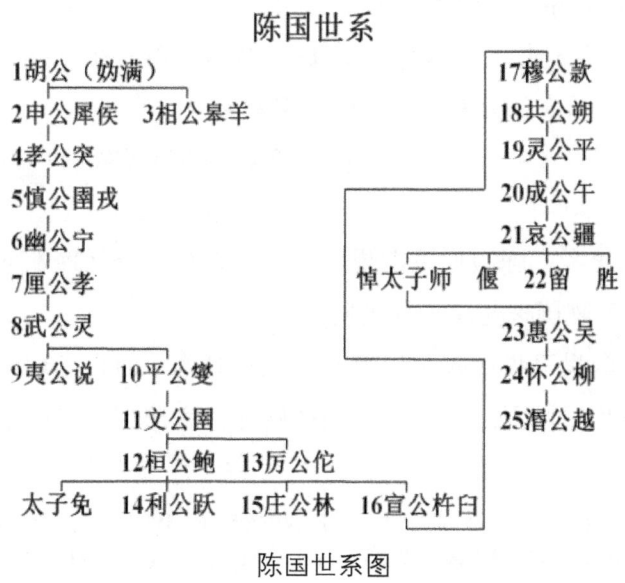

陈国世系图

说明：纵向为父子关系，横向为兄弟关系。亲兄弟之间一般左为兄，右为弟。

材料二 （公元前534年），初，哀公娶郑，长姬生悼太子师，少姬生偃。二嬖妾，长妾生留，少妾生胜。留有宠哀公，哀公属之其弟司徒招。哀公病，三月，招杀悼太子，立留为太子。哀公怒，欲诛招，招发兵围守哀公，哀公自经杀。招卒立留为陈君。四月，陈使使赴楚。楚灵王闻陈乱，乃杀陈使者，使公子弃疾发兵伐陈，陈君留奔郑。九月，楚围陈。十一月，灭陈，使弃疾为陈公。①

——[汉]司马迁《史记·陈杞世家》

材料三 周代的礼制内容非常复杂……体现的是"亲亲"和"尊尊"两个基本原则。"亲亲"就是亲其所亲，反映的是社会成员之间的血缘关系，表现出浓厚的宗族色彩。例如，在周人的生命礼仪中，无论是出生礼，还是冠礼、婚礼、丧礼及对祖先的祭礼等等，都是由族群成员共同参加的宗族活动。在这些活动中，亲族关系得到了充分的尊重与体现。"尊尊"，就是尊其所尊，反映的是社会成员之间的政治关系，表现出强烈的等级意识。《左传·庄公十八年》记载："名位不同，礼亦异数。"就是说，要根据政治地位的高低分别制定规格不同的礼仪。②

——赵毅、赵轶峰《中国古代史》上册

引导学生思考：陈国世系图说明了什么？导致公元前534年陈国内乱的原因是什么？陈国被楚国灭掉说明了什么？

结论：陈国世系说明陈国以嫡长子继承制为主，也出现过兄终弟及的情况。陈国内乱的原因：一是宗法制被破坏。宗法制的核心是嫡长子继承

---

① [汉]司马迁撰：《史记》第五册，北京：中华书局，1982年版，第1580-1581页。
② 赵毅、赵轶峰主编：《中国古代史》上册，北京：高等教育出版社，2010年版，第119-120页。

制，哀公虽然宠爱公子留，但也没想过将公子留取代太子师，依旧维护嫡长子继承制；而哀公的弟弟招却破坏了嫡长子继承制，杀太子师以立公子留，从而引发内乱；二是分封制被破坏。作为卿大夫的招，实力强大，肆意妄为，动用军队杀害了国君，属于"陪臣执国命"；三是礼乐制度被破坏。礼乐制度体现的"亲亲"和"尊尊"两个基本原则，都为哀公的弟弟招所践踏，可谓"礼崩乐坏"。陈国被楚国灭掉说明：家国一体，不遵守嫡长子继承制，会导致贵族内部之间的争权夺利，从而引发内乱，甚至导致国家灭亡。

归纳：分封制、宗法制与礼乐制度之间的关系示意图

作为课堂学习的最主要环节，借助于"寻根：陈姓的由来"，通过丰富史料的阅读与探究，学生很好地理解了课标和教材中"夏商制度与西周封建"的重难点，并在此基础上发展了思维能力，提升了学科素养。从课堂教学艺术来看，借助于"陈姓由来寻根"进行古代政治制度的探究，最终实现了"从个别到一般和从具体到抽象"教学创新。

"历史是稳定凝结了的现实，现实是流动变化着的历史。"[①]学习历史不能割裂过去与现实的联系，在探寻过去的同时，彰往而知来。考虑到学生比较容易接触到祠堂，故以此设计了一道探究题，希望学生认识到传统文化在当今社会的价值：

---

① 孙思白：《试论历史与现实的联系与区别》，《历史研究》1982 第 6 期，第 4 页。

材料 如今祠堂不再用来祭祖，但传统的宗族观念在新的时代仍有所遗存，尤其是慎终追远、饮水思源、家国至上、独慎自省的道德观念在现今这个时代更显珍贵。

以哲学的观点，物质是不灭的，但承载着祖先珍贵创造力与情感的物质载体已然脆危。那饱含先辈文化符码的形态一旦消失，便断然不能再生。文化良知催促我们去护持这些斑驳脆弱却秉承着中华民族精神的文化载体，挖掘其中包含的义理，扶正民族文化与自觉的人格。无论祠堂里供养的是宗亲也好，抑或人神也罢，在对其诠释过程中我们都必将被历史反哺。[①]

——王静《祠堂中的宗亲神主》

要求学生结合材料与本课所学的相关知识，就"无论祠堂里供养的是宗亲也好，抑或人神也罢，在对其诠释过程中我们都必将被历史反哺"写一篇小论文，论题自行拟定，阐述须有史实依据。

【例二】

活动课设计：中共党史人物研究
湛江市第二中学　陈丽娜

【活动主题】

一、活动主题：中共党史人物研究——南路先烈黄学增

二、活动选题：

1. 黄学增的研究史料

2. 实地考察黄学增纪念亭

3. 家人心中的黄学增

历史从来都不是冷冰冰的故纸堆，泛黄的纸页、寥寥数语，其背后往往是鲜活的生命、淋漓的鲜血、动魄的场景、不屈的传奇和无从回避的历

---

① 王静著：《祠堂中的宗亲神主》，重庆：重庆出版社，2008年版，第2-3页。

史使命。

本课是一堂活动课,学生通过查阅资料、实地考察、走访调查等方式了解广东省农民领袖黄学增的革命事迹,理解中国共产党的成立适应了近代以来中国社会进步和革命发展的客观需要,感悟中国共产党人为人民谋幸福、为民族谋复兴的初心和使命。重点是通过黄学增的革命事迹来理解中国共产党的成立是近代以来中国社会进步和革命发展的客观需要;难点是如何搜集、整理资料,如何进行走访调查和实地考察,并将学习成果完整地呈现出来。

【设计意图】

本课活动内容为中共党史人物研究,本设计选取湛江遂溪人黄学增,拉近历史与生活的距离。开展中共党史人物研究有助于了解中国共产党的初心和使命,感悟先辈们不畏牺牲、前仆后继的革命精神。设计三个选题,目的在于让学生多维度地认识历史人物。

【活动目标】

一、通过查阅历史资料、阅读相关书籍,搜集黄学增的有关材料,培养学生搜集资料、整理资料、分析资料的能力;引导学生了解中国共产党成立的条件和意义,培养学生运用历史思维分析历史现象的学科素养;让学生学会社会调查的基本方法,学会运用所学知识分析和解释历史问题及现象。

二、引导学生通过走访相关单位、访问烈士后代、发放调查问卷等形式,结合实地考察黄学增纪念亭,培养学生参与社会活动、关心社会、关注生活的意识;通过考察实践,感知身边的历史,体验家乡的文化,领悟先辈的精神,认识家乡与国家命运紧密相连,增强热爱家乡、热爱祖国的情感,增强为中华民族伟大复兴而努力奋斗的责任感和使命感;感知中国共产党的成立是中国历史上开天辟地的大事,是近代以来中国社会进步和革命发展的客观需要。

【设计意图】

通过搜集黄学增的历史资料、相关书籍,增进学生对黄学增的了解,初步感受黄学增为了实现革命理想英勇无畏、前仆后继的献身精神；挖掘史料中包含的历史渊源，选取适当的角度建立黄学增事迹与中国共产党成立之间的联系，有助于学生更加形象、透彻地理解教材内容。

【活动过程】

一、活动准备

1．教师准备

全面了解家乡人物黄学增的生平和黄学增相关历史遗迹的保存、使用情况等。

准备好选题，以供学生借鉴和准备。

安排学生分组：依照班级学生个人兴趣和意愿进行选题分组，分组时教师讲清每组任务，以学生意愿为主，根据学生选报情况协调平衡好各组人数及学生特长搭配。分组后，由小组内部成员自行协商产生组长并进行组员分工。在各组学生确定活动时间后，联系学校相关部门，以学校名义与相关单位（如湛江市图书馆、黄学增纪念亭等）联系，开具介绍信，完善相关协作手续，强调纪律和安全。

确定成果汇报课主持人，指导主持词撰写。

和组内老师一起商讨制定评价量表，确保公平、公正。

2．学生准备

（1）根据活动选题和自身条件，报名参加适合自己的选题小组。

（2）各组确定小组组长，完成组内分工，包括方案制定、资料搜集整理、成果制作、交流汇报等方面的分工协作，确定资料收集人、信息统计分析人、PPT制作人、发言汇报人、活动统筹协调人等。

（3）各组组长将方案初稿制定好后，与老师商讨，在老师指导下，完善小组方案。提示："黄学增的研究史料"小组在分工和行动时要注意信息的搜集和整理；"实地考察黄学增纪念亭"小组要做好活动过程性记录，完成活动过程的录音、照相、录像等记录；"家人心中的黄学增"小组在走访调查过程中要注意真实、准确、典型、简练，抓住核心，注意礼节、礼仪和礼貌。

(4) 成果汇报课主持人在老师指导下,根据各组活动选题特点、内容等撰写主持词。

(5) 在老师指导下,学生代表邀请班主任和部分科任教师、学校领导担任汇报课评委。

【设计意图】

教师在以学生为主体的原则下发挥主导作用,教师主要在总体谋划和创造条件上下功夫。学生则根据活动方案在具体事项上做准备,为活动的顺利进行打好基础,并在实践中提高组织、规划和动手操作等能力。

二、实施过程

教师将制定好的《小组评价量表》和《学生个人评价量表》发放给每个小组一份,各小组根据预定方案和评价准则开展工作:

1. 按照活动方案分组进行。"黄学增的研究史料"小组借助图书馆、档案馆和网络搜集文字、图片或视频资料;"实地考察黄学增纪念亭"小组进行实地考察,拍摄照片,记录相关人员的讲解,做好详细记录;"家人心中的黄学增"小组走访黄学增后代子孙,了解黄学增的事迹细节。

2. 在老师指导下,整理、甄别、运用所收集的资料,特别注意口述历史、轶闻趣事与档案资料在史料价值上的区别。

3. 结合所学近代历史知识,确定成果汇报形式,制作汇报展示材料。成果汇报形式可以是报告陈述、真情演讲、历史故事叙述、历史剧表演等。汇报材料制作要生动具体、富有特色。

4. 实施的过程可安排在1-2周的课余时间内进行,也可以安排半天至一天进行集中考察,并将相关工作安排在1-2周的课余时间内完成。

【设计意图】

在实践中提高分工协作、组织规划和合作探究的能力,使学生意识到课堂成果汇报是否成功,是依托在方案是否合理、活动实践是否到位之上。三个选题考察学生对史料的辨析,对所学历史知识的运用和团队的分工、合作能力,要求学生在这一过程中主动思考、积极探究、分析问题和解决问题,并最终形成考察报告和成果展示材料,有效培养和提升学生的综合能力。

三、成果展示

1. 主持人介绍评委,主持成果汇报。

2. 各小组依次汇报成果:

(1) 成果汇报人介绍组员分工及活动开展情况,介绍成果展现的形式和方法,PPT 汇报研究成果。

(2) 各组汇报完后,其他小组可以对汇报小组的重点问题进行提问,汇报小组进行解答。

3. 评委对各小组活动进行评分和点评。

4. 历史教师对整个活动进行简要总结。

【设计意图】

成果展示是活动课的关键阶段,集成果展示、交流互动、评价导向于一体。这一阶段仍以学生为主体,有利于培养学生的语言表达能力、合作探究能力,有利于学生主动思考和小组互相学习。

【评价建议】

一、小组评价量表

组别:　　　选题:　　　组员人数:　　　组长姓名:

评价项目	评价内容标准	分数	得分	备注
方案计划	方案计划是否符合主题,目标是否具体明确。			
成员分工	分工是否合理明确,完成情况是否有可操作性。			

续表

评价项目	评价内容标准	分数	得分	备注
PPT 制作	格式风格、色彩、配乐是否搭配合理，形式是否新颖，内容安排是否合理。			
语言表达	发言人的表情是否自然大方，语言表达是否贴切，时间把握是否合理，观点表达是否正确。			
疑问解答	组员配合是否默契，解答疑问是否及时，是否准确无误。			
简要评语		总分		

二、学生个人评价量表

姓名：　　　　组别：　　　　选题：　　　　组员人数：

| 评价项目 | 任务分工 | 完成情况 | | | | 备注 |
		优	良	中	差	
准备阶段						
考察阶段						
总结阶段						
展示阶段						
收获与感受（简要评语）						

【设计意图】

小组评价量表以考察小组为评价对象，供评委根据考察小组在成果展示阶段对本组活动的总体汇报进行评价使用。个人评价量表包括自评表与他评表。通过这种形式把自评与他评、个体评价与集体评价进行有机结合。

【活动资源】

一、《黄学增研究史料》《黄学增评传》《广东通史》等书籍。

二、湛江市图书馆、博物馆；遂溪县档案馆。

三、遂溪县黄学增纪念亭。

第六章　中学历史教学"新材料"深度学习展望

第一节　历史"新材料"教学促进深度学习

深度学习原属于人工智能领域的基本概念,在20世纪70年代,被引入欧美教育领域,2005年前后传入我国。张菊、郭永峰对深度学习的研究现状作了很好的梳理,兹录如下:

1976年,美国学者Marton等人通过实验得出:学生在学习过程中会根据不同的学习要求,选择不同的信息处理方式,提出了深度学习（Deep Learning）的概念。Beattie认为深度学习是学生为了理解而学习,提出了深度学习的两大特征,即深度学习要求学生能够批判性地理解问题和深度学习中学习材料的相互作用。Biggs通过对修订后双因素版本的SPQ理想工具的研究指出:确保高素质教与学的最有效方法是评价因素能以建设性的方式结合。Frances Slack和Martin Beer认为激发反思对深度学习至关重要,因为反思过程包括联想、整合、验证等步骤,最终达到综合知识的目的。Eric Jensen和Leann Nickelsen将简单学习和深度学习对比后,进一步明确了深度学习的核心要义:深度学习需要构建完整的学习路线,并且要遵循很多要求和规则。

国内对深度学习的研究较晚,最早由黎加厚和何玲提出。之后,深度学习便受到国内学者的关注,但是前期的关注并不多,发表的论文也较少。2010年颁布的《国家中长期教育改革和发展规划纲要（2010—2020

年)》指出，教育教学要注意培养学生的自主学习能力，学习的主动性、独立性、体验性和问题性，这些要求正是深度学习所研究与追求的。因此，深度学习的优势显现出来，获得了更多学者的关注。段金菊和余胜泉进一步提出深度学习强调反思、元认知等高水平思维，不仅要重视知识的广度，还应重视知识的深度。学习行为是高情感投入的复杂活动。郭华认为，深度学习指在教师引领下，学生围绕着具有挑战性的学习主题，全身心地积极参与、体验成功、获得发展的有意义的学习过程。包雷认为，教育领域内的深度学习能力是不同于 AI 提供的、超越简单计算的高级认知能力，目标是提升人的创造思维和解决问题的能力。[①]

2014 年，教育部基础教育课程教材发展中心"深度学习总项目组"采用郭华对"深度学习"的概念界定："在教师引领下，学生围绕着具有挑战性的学习主题，全身心积极参与、体验成功、获得发展的有意义的学习过程。"[②] 核心素养一词提出后，深度学习的内涵有进一步发展，认为深度学习聚焦过程与结果，"是以学习者高阶思维形成、创新能力提升和精神影响为旨归，突出参与、体验和生成，并促进学习者核心素养培育的一种学习方式"[③]。

深度学习具有显见的特征。"Beattie 于 1997 年提出深度学习的特征，即注重对问题的理解，重视学习材料之间的相互作用，注重新知识与之前知识和经验的相互联系，并强调批判性。张浩和吴秀娟提出深度学习具有注重批判理解、强调信息整合等特征，特征之间相互促进。安富海在张浩和吴秀娟的基础上，再次强调深度学习具有注重知识学习的批判理解、强调学习内容的有机整合、着意学习过程的建构、重视学习的迁移运用特征。郭华对深度学习的特征进行总结和概括后，提出联想与结构、活动与体验、本质与变式、迁移与应用、价值与评价特征。……（张菊和郭永峰）

[①] 张菊，郭永峰：《深度学习研究综述》，《教学研究》2021 年第 3 期，第 7 页。
[②] 郭华：《深度学习及其意义》，《课程·教材·教法》2016 年第 11 期，第 27 页。
[③] 崔友兴：《基于核心素养培育的深度学习》，《课程·教材·教法》2019 年第 2 期，第 67 页。

将深度学习的特征整理为以下几点：（1）深度学习注重批判理解。深度学习要求学习者对知识持一种敢于质疑、敢于批判的态度，而不能将课本上的知识奉为真理。（2）深度学习强调信息整合，包括各科知识的整合和各种信息获取手段的整合。深度学习要求学习者把新的信息整合到原有的认知结构中，以达到对信息的长久理解和保持。（3）深度学习注重迁移运用。学生只有在运用知识时，才能真正掌握知识学习的意义和价值。（4）深度学习着意情感投入。深度学习的动力来自于学生本身对进一步探寻知识的渴望，深度学习并非是没有情感投入的任务式学习。（5）深度学习重视终身学习。随着科学的不断发展，知识更新的速度越来越快，深度学习要求学生应该具有'活到老学到老'的信念。"[1]

利用新材料再现历史，让学生在陌生情境中进行历史解释和历史评价，能给学生提供看历史的新角度，赋予历史知识的新内涵，因此，新材料是实现中学历史深度学习、涵养核心素养的重要载体。历史新材料教学促进"深度学习"主要体现在以下三个方面：

一、筛选新材料：深度学习的前提

"深度学习的一个重要标志，就是能将外在的教学内容转化为学生内在的精神力量，而教学内容并不能直接转化为学生的精神力量，必先转化为学生能够进行思维操作和加工的教学材料，成为学生学习的对象。"[2] 因此，既基于学生自觉发展的"最近发展区"，又具有一定挑战性和典型性的新材料，是促进学生深度学习的重要基础。这就要求教师在筛选新材料时，既要基于教材又要超越教材，以此丰富和深化教学内容；同时还要基于课程标准、学生实际、素养目标和教学主题，构建丰富多样的学习材料。

以"盛唐气象"一课为例，作为新授课，其学习对象七年级学生，通过之前的学习，已初步认识唐朝兴盛的原因，这为本课学习打下了坚实基

---

[1] 张菊，郭永峰：《深度学习研究综述》，《教学研究》2021年第3期，第8页。
[2] 郭华：《深度学习及其意义》，《课程·教材·教法》2016年第11期，第31页。

础。但七年级学生历史知识积累有限,对归纳和理解盛唐气象的基本表现还有困难。所以,为了帮助学生深度学习盛唐社会风气的特点,以传颂千年的中日友谊使者——阿倍仲麻吕作为切入点,依据课标,围绕素养目标,提炼契合初中生"最近发展区"的学习主题——"阿倍仲麻吕眼中的盛唐气象",据此对教材内容进行削枝强干的结构化处理,分为三个部分"开放兼容的社会风气""刚健豪迈的尚武之风"以及"积极昂扬的精神风貌",有深度、有广度地筛选新材料,创设新情境,引导学生在合作探究中,激发历史情感,提升历史思维能力。

"深度学习是建立在原有知识之上的,而不再是儿童刺激反应的机械学习阶段,所以学习者往往要对新材料有一个起固定作用的概念作为支撑,这样新知识才能够与原来的知识建立关联,形成有意义的知识表征。"① 为此,首先引导学生联系所学知识,进行时空定位。盛唐指唐玄宗在位的开元、天宝年间,大致相当于公元八世纪上半叶。生活在这一时期的阿倍仲麻吕,见证了大唐强盛之国势与恢宏之气象。接下来,展示材料,交代本课主线人物的生平,利用阿倍仲麻吕创设历史情境,展现盛唐开放的社会之风,并设置合作探究任务,引导学生带着问题进行接下来的学习。

材料一 开元初,又遣使来朝……其偏使朝臣仲满,慕中国之风,因留不去,改姓名为朝衡,仕历左补阙、仪王友。衡留京师五十年,好书籍,放归乡,逗留不去。……上元中,擢衡为左散骑常侍、镇南都护。②

——[后晋]刘昫等《旧唐书·东夷传》

材料二 (710年)吐蕃遣使迎金城公主,中宗于梨园亭子赐观打毬。吐蕃赞咄奏言:"臣部曲有善毬者,请与汉敌。"上令仗内试之。决数都,吐蕃皆胜。时玄宗为临淄王,中宗又令与嗣虢王邕、驸马杨慎交、武延秀

---

① 慕彦瑾、段金菊:《基于认知心理学理论的深度学习设计研究》,《内蒙古师范大学学报(教育科学版)》2012年第7期,第66页。

② [后晋]刘昫等撰:《旧唐书》第十六册,北京:中华书局,1975年版,第5341页。

等四人，敌吐蕃十人。玄宗东西驱突，风回电激，所向无前。吐蕃功不获施，其都满赞咄犹此仆射也。①

——[唐]封演《封氏闻见记校注》卷六

材料三

幸梨园亭观打球应制
[唐]沈佺期

宛转萦香骑，飘飖拂画球。俯身迎未落，回辔逐傍流。②

——中华书局编辑部点校《全唐诗》（增订本）第二册

材料四

哭晁卿衡

日本晁卿辞帝都，征帆一片绕蓬壶。

明月不归沉碧海，白云愁色满苍梧。

此诗乃天宝十三载（754）春夏间在广陵(今江苏扬州)遇见魏颢，闻晁衡归国时遇暴风失事的消息后所作，充满对日本友人的痛悼之情。③

——郁贤皓注评《李白全集注评》下册

根据材料一，讲述阿倍仲麻吕在大唐的故事。从19岁到73岁，他在大唐生活了54年。他随日本第八批遣唐使团入唐，受到大唐盛情款待，并获准进入国子监留学，改名晁衡。因聪敏勤奋、成绩优异，他以外国人的身份，科举高中进士，从事修书工作，甚至一度成为太子陪读，后官居秘

---

① [唐]封演撰，赵贞信校注：《封氏闻见记校注》，北京：中华书局，2005年版，第53页。
② 中华书局编辑部点校：《全唐诗》（增订本）第二册，北京：中华书局，1999年版，第1026页。
③ [唐]李白著，郁贤皓注评：《李白全集注评》下册，南京：凤凰出版社，2018年版，第1667—1668页。

书监监正,深受唐玄宗的喜爱与信任。一个日本人,能官拜秘书监监正,掌管国家机密,这显示出唐朝何等的自信与开放!进而引出合作探究:阿倍仲麻吕会目睹怎样的盛世之风呢?要求学生带着问题,结合课本,归纳盛唐社会风气的特点,并知古鉴今,思考盛唐的社会风气对今天中国实现伟大的民族复兴有何启示。

通过分析材料二、三,带领学生重返李隆基与吐蕃马球队比赛的场景,深度还原这位后来开创了"开元盛世"的临淄王不但将大唐的繁荣推向了顶峰,也将李氏家族对马球的热爱推向了顶峰。进而设问:风靡一时的马球运动,反映出唐朝怎样的社会风气?

依据材料四向学生讲述一千二百多年前,诗人李白和阿倍仲麻吕的友情,引导学生结合李白诗歌的特点,概括出盛唐社会昂扬进取、积极向上的精神风貌,感悟唐朝诗人乐观向上的精神品质。最后,引导学生知古鉴今,思考盛唐的社会风气对今天中国实现伟大民族复兴的启示。

作为一手史料的四段新材料,不仅保证了课堂教学的信度与效度,培养了学生的史料实证素养;还搭建了深度学习的脚手架,把史实转化为丰富的历史细节和充沛的历史情感,在师生互动中,引导学生依据新材料和新情境,概括盛唐开放兼容的社会风气和刚健豪迈的尚武之风,使学生更深入地体会唐朝的强盛,增强文化自信。通过知古鉴今、联系现实,帮助学生培养建设祖国、实现中华民族伟大复兴的责任感与使命感,培养国家情怀,促进深度学习的发生。

由此可见,促进深度学习发生的新材料绝对不是零散、碎片化、杂乱无章的信息,而是与学生已有的知识相联系、接近学生现有水平、能激发学生主动学习和探究欲望的学习材料。它帮助学生避免陷入碎片化的泥沼中,引导学生运用原有知识对新问题进行分析与评价,在建构新的知识体系的过程中,不断审视反思、吐故纳新,为深入思考所学与所知之间的关系打下基础。

二、创设新情境:深度学习的关键

《教育部关于加强初中学业水平考试命题工作的意见》(教基 [2019]15

号)提出:"考试命题要注重引导学校落实德智体美劳全面培养的教育体系,引导教师积极探索基于情境、问题导向、深度思维、高度参与的教育教学模式,引导学生自主、合作、探究学习,充分发挥考试对推动教育教学改革、提高学生综合素质、促进学生全面健康成长的重要导向作用。"[①]可见,课堂教学必须与之相适应,促进学生深度体验,发展学生深度思维,需要重视情境的创设与利用。这就需要运用新材料创设"生活情境""背景情境"和"跨学科情境"等复合型教学情境,打破单一的、独白式的、枯燥乏味的教学情境。

"学生原有的知识和经验是教学活动的起点。"[②]生活即教育,将乡土材料与历史教学相联系,将学生实际生活与教材相联系,让历史散发出鲜活的味道,更能引起学生的共鸣,激发他们的探究兴趣。《沟通中外文明的"丝绸之路"》一课的导入环节,考虑到学生生活在广东湛江,对古代海上丝绸之路始发港——徐闻的历史文化有一定了解,运用湛江市海博会与海洋周的活动图片,配以音乐《丝路》,制作一个生动的微视频,可以拉近学生与历史的距离。初中生的历史思维,仍以形象思维为主。所谓形象思维,即"以实物的具体形象和表象为支柱的思维,也就是以形象来思维。心理学研究表明:一个人在解决比较复杂的问题时,鲜明生动的形象或表象更有助于思维进程的顺利进行。"[③]历史源于生活,运用图片材料创设生活情境,以乡土情谊为纽带,使学生更容易进入"情境",在新情境中激活生活经验来分析和解决问题,在新情境的学习中浸润爱乡爱家的家国情怀。

由于历史演变有其逻辑性和复杂性,所以"背景情境"的营造在历史学习中显得尤为重要。吕思勉先生曾论及两晋南北朝:"然则此时代中,我国民之所建树者何如?岂遂束手一无所为乎?曰:其大成就有四焉,而皆与民族之动荡移徙有关,故民族之移徙,实此时代中最大之事也。"[④]此

---

① 中华人民共和国教育部:《教育部关于加强初中学业水平考试命题工作的意见》,《中华人民共和国国务院公报》2020年第8期,第72页。
② 余文森著:《核心素养导向的课堂教学》,上海:上海教育出版社,2017年版,第194页。
③ 聂幼犁主编:《历史课程与教学论》,杭州:浙江教育出版社,2003年版,第121页。
④ 吕思勉著:《两晋南北朝史》,上海:上海古籍出版社,1983年版,第5页。

时期，北方游牧民族迁往中原，中原汉族迁往南方，迁移的过程中往往伴随着民族的冲突、经济和文化的交融发展，中华族群认同的不断扩大。如何帮助学生深入理解北魏孝文帝改革的背景，可借助孝文帝"假意南迁""改革杀子"等历史故事制作微课视频。在微课视频营造的新情境中，透过孝文帝个体生命与国家层面的碰撞交织，引发学生深度认识：伴随着经济内驱力与民族向心力的发展，北方地区的民族交融，不仅在分裂中孕育统一趋势，还为中华民族注入了新鲜血液，这便为隋唐王朝的繁荣奠定了基础。背景情境的融入，使得历史之人与课堂之人共命运同呼吸，情感流露真实真切，引发价值共鸣。

"历史学是一门综合性学科，它既以整个人类社会为研究对象，就免不了社会各种知识的相互联系和渗透。"① 历史学综合性的特点决定了其囊括的知识包罗万象，这也使得可以跨学科使用新材料，培养学生的多元学习思维，促进深度学习的发生。以《三国鼎立》为例，为了让学生学会正确评价曹操，特将语文学科的诗词融入其中。

材料一

对　酒
曹操

对酒歌，太平时，吏不呼门。王者贤且明，宰相股肱皆忠良。咸礼让，民无所争讼。三年耕有九年储，仓谷满盈。斑白不负载。雨泽如此，百谷用成。却走马以粪其土田。爵公侯伯子男，咸爱其民，以黜陟幽明。子养有若父与兄。犯礼法，轻重随其刑。路无拾遗之私。囹圄空虚，冬节不断人。耄耋皆得以寿终。恩泽广及草木昆虫。②

——逯钦立辑校《先秦汉魏晋南北朝诗》上册

---

① 王旭东著：《史学理论与方法》，合肥：安徽大学出版社，1998年版，第77页。
② 逯钦立辑校：《先秦汉魏晋南北朝诗》上册，北京：中华书局，1983年版，第347-348页。

材料二

短 歌 行

曹操

对酒当歌，人生几何。譬如朝露，去日苦多。慨当以慷，忧思难忘。何以解忧，唯有杜康。青青子衿，悠悠我心。但为君故，沉吟至今。呦呦鹿鸣，食野之苹。我有嘉宾，鼓瑟吹笙。明明如月，何时可掇。忧从中来，不可断绝。越陌度阡，枉用相存。契阔谈䜩，心念旧恩。月明星稀，乌鹊南飞。绕树三匝，何枝可依。山不厌高，海不厌深。周公吐哺，天下归心。①

——逯钦立辑校《先秦汉魏晋南北朝诗》上册

引用曹操的作品，学生可以从文学的角度，深切体会曹操心中的理想社会、统一天下的雄心壮志和求贤若渴的迫切心情，进而掌握评价历史人物的正确方法。通过跨学科情境的渗透，学生的学科视野进一步拓宽，思维的广度和深度进一步提升，学会多角度分析和解决问题。

三、驱动新任务：深度学习的抓手

如何突破课堂教学的时空局限，为学生提供更加自主的深度学习机会？笔者尝试围绕学习主题，挖掘新材料内涵，将教学内容以"任务"的形式呈现出来，以问题驱动学生。

《宋代经济的发展》一课，包含的经济史知识容量大、理解难，为了在有限时间内突破课标规定的"知道宋代南方经济的发展，理解中国古代经济重心的南移"，可通过运用新材料、驱动新任务的形式，将教学内容呈现出来。围绕学习主题"探江南经济之景，析重心南移之因"，分解教学任务，形成"任务单"。

任务一：穿越时空，梦回宋朝，在临安举办一场展示宋朝经济繁荣

---

① 逯钦立辑校：《先秦汉魏晋南北朝诗》上册，北京：中华书局，1983年版，第349页。

的博览会。请你依据材料和结合本课知识,小组合作设计农业、手工业和商业三大展厅,展示宋朝的经济成果。智慧树、思维导图和图表等形式均可。小组代表利用希沃白板投屏,上台展示设计成果。

材料一 闽岭巳南多木棉,土人竞植之,有至数千株者。采其花为布,号吉贝布。①

——[宋]彭□《续墨客挥犀》卷一

材料二

左:唐代瓷窑遗址分布图　　　右:宋代瓷窑遗址分布图②

——中国硅酸盐学会《中国陶瓷史》

材料三 今天下甲卒数十万众,战马数十万匹……比汉、唐京邑,民庶十倍。……

---

① [宋]彭□撰,孔凡礼点校:《续墨客挥犀》,北京:中华书局,2002年版,第427页。
② 中国硅酸盐学会主编:《中国陶瓷史》,北京:文物出版社,1982年版,第192、230页。

有惠民、金水、五丈、汴水等四渠,派引脉分,咸会天邑,舳舻相接,瞻给相接,所以无匮乏。唯汴水横亘中国,首承大河,漕引江湖,利尽南海,半天下之财赋,并山泽之百货,悉由此路而进。①

——[元]脱脱等撰《宋史·河渠志》

余文森说:"问题是学生思维的引擎,学生在课堂上的思维就是围绕问题展开的。这里的关键是问题的质量(深度),核心是学生的思维。"②解决问题的能力是学生面向未来应该具备的重要能力,也是培养学科核心素养的路径之一。运用新材料,在具体情境中设置问题,有助于提高学生学习兴趣,帮助学生在真实情景中理清知识点之间的内在联系的同时,培养学生解决实际问题的能力,提升核心素养。

任务二:请根据以下材料,结合所学知识,提炼一个关键词形容江南。

西汉前期	
东晋后期	
唐朝时期	江南
南宋时期	

材料一 楚越之地,地广人稀,饭稻羹鱼,或火耕而水耨……无积聚而多贫。

——[汉]司马迁《史记·货殖列传》③

---

① [元]脱脱等撰:《宋史》第七册,北京:中华书局,1977年版,第2321页。
② 余文森著:《核心素养导向的课堂教学》,上海:上海教育出版社,2017年版,第220页。
③ [汉]司马迁撰:《史记》第十册,北京:中华书局,1982年版,第3270页。

材料二 至于（东晋孝武帝）末年，天下无事，时和年丰，百姓乐业，谷帛殷阜，几乎家给人足矣。

——[唐]房玄龄等《晋书·食货志》①

材料三 江南之为国盛矣……地广野丰，民勤本业，一岁或稔，则数郡忘饥。……鱼盐杞梓之利，充仞八方，丝绵布帛之饶，覆衣天下。

——[梁]沈约《宋书·孔季恭、羊玄保、沈昙庆列传》②

材料四

忆 江 南

[唐]白居易

江南好，风景旧曾谙。日出江花红似火，春来江水绿如蓝。能不忆江南。

——中华书局编辑部点校《全唐诗》（增订本）第一册③

在运用新材料设计"任务"时，应注重学习"任务"间的相互关联和内在逻辑，让学生在不同的历史情境和任务中审视和理解相同的历史知识，帮助学生跨情境实现迁移运用。在了解了江南经济繁荣的基础上，进一步探究经济南移的历程，符合学生的认知规律，有助于提升学生"史料实证和历史解释"等核心素养。

任务三：依据材料，结合所学知识，思考促进经济重心南移的原因有哪些，给我们今天的经济发展带来什么启示？

材料一 唐天宝年间与北宋崇宁年间中国户数分布

---

① [唐]房玄龄等撰：《晋书》第三册，北京：中华书局，1974年版，第792—793页。
② [梁]沈约撰：《宋书》第五册，北京：中华书局，1974年版，第1540页。
③ 中华书局编辑部点校：《全唐诗》（增订本）第一册，北京：中华书局，1999年版，第408页。

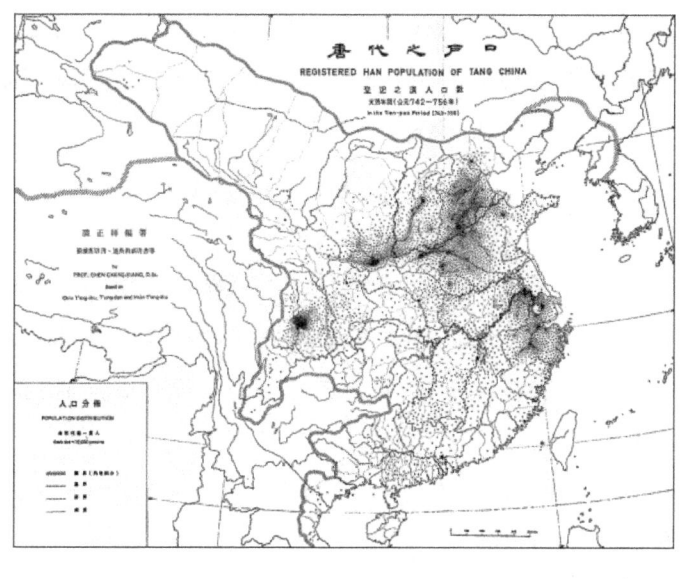

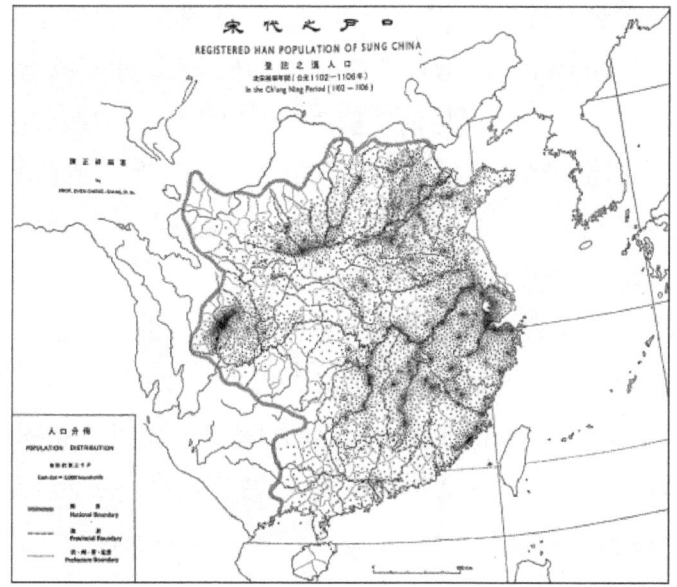

注：每点代表一万人。①

——陈正祥编著《中国历史·文化地理图册》

---

① 陈正祥编著：《中国历史·文化地理图册》，东京：原书房，1982年版，第37、67页。

材料二 盖长乐海滨，山浅而泉微，故潴防为特多，大者为湖，次为陂、为圳，埤海而成者为塘，次为堰，毋虑百五十余处。每岁蓄溪涧，虽不泄涓滴，亦不足用，必时雨滂澍，乃获均洽。①

——[宋]梁克家修纂《三山志》卷一六

材料三 北宋结束了五代十国的分裂割据局面，重建了统一的封建国家，政治局面相对稳定，农民可以在比较安定的环境里致力于农田的精耕细作，致力于农田水利设施的修建；有利于南北农作物品种的推广和耕作技术的交流。②

——唐兆梅《宋代东南地区农业生产的飞速发展与统治者的变革措施》

高中历史新课标建议："通过对课程内容的整合，引导学生深度学习，促进学生带着问题意识和证据意识在新情境下对历史进行探索，拓展其历史认识的广度和深度。"③问题的质量决定知识的掌握程度，决定思维的发展层次。通过运用新材料设置提升性问题，能够让学生学会从总体上更全面、更深刻地把握历史问题的本质和规律，也让核心素养的落实更有针对性和可操作性。

深度学习的历史课堂是有情境、有思想、有生命的课堂。运用新材料实现历史课堂深度学习的发生，则是历史认知、历史思维和历史情意的综合。它在拓宽知识边界和凸显思想境界的过程中，提升了指向问题的历史思维品质，涵养了宝贵的人文精神和高尚的家国情怀。此为历史教育的育人使命。

---

① [宋]梁克家修纂：《三山志》，福州：海风出版社，2000年版，第177页。

② 唐兆梅：《宋代东南地区农业生产的飞速发展与统治者的变革措施》，《农业考古》1990年第2期，第165页。

③ 中华人民共和国教育部制定：《普通高中历史课程标准（2017年版2020年修订）》，北京：人民教育出版社，2020年版，第17-18页。

第二节　中学历史教师应重视专业的理论学习

2014年第30个教师节前夕，习近平总书记考察北京师范大学时发表重要讲话，勉励广大教师做"四有"好老师，即有理想信念、有道德情操、有扎实学识、有仁爱之心。扎实学识是教师立身之本，教师自身一知半解，如何为学生传道、授业、解惑？

扎实学识包括深厚的学科知识、丰富的教育和心理学知识及必备的信息技术知识。李晓风认为："经过这十多年的课程改革，中学历史教师的素质是有很大提高的，但是不均衡，教育教学理论和实践方面素质的提高远远好于历史学科专业素质的提高。"① 此言不虚。现在的很大一部分历史课，枯燥无趣，缺乏历史味，病根缘于此。

北宋苏轼《稼说》曰："曷尝观于富人之稼乎？其田美而多，其食足而有余。其田美而多，而可以更休，而地方得完；其食足而有余，而种之常不后时，而敛之常及其熟。故富人之稼常美，少秕而多实，久藏而不腐。今吾十口之家，而共百亩之田，寸寸而取之，日夜以望之，锄耰铚艾，相寻于其上者如鱼鳞，而地力竭矣。种之常不及时，而敛之常不待其熟。此岂能复有美稼哉？古之人，其才非有以大过今之人也，其平居所以自养而不敢轻用以待其成者，闵闵焉如婴儿之望之长也。弱者养之以至于刚，虚者养之以至于充。三十而后仕，五十而后爵，信于久屈之中，而用于至足之后，流于既溢之余，而发于持满之末，此古之人所以大过人，而今之君子所以不及也。……吾子其去此而务学也哉。博观而约取，厚积而薄发，吾告子止于此矣。"② 苏轼以庄稼成熟才能收割为喻，阐述治学之道，勉励朋友张琥做学问要功底厚实，博览群书以积累丰厚学养，在此基础上

---

① 李晓风：《关于中学历史教师的历史学科专业素养》，《历史教学》（上半月刊）2017年第12期，第12页。

② [宋]苏轼著，孔凡礼点校：《苏轼文集》第一册，北京：中华书局，1986年版，第339-340页。

严谨阐释，著书立说。著述如此，教书亦然。

中学历史教师需要广泛阅读学科专著，熟悉各种专有名词和术语，把握学术前沿，用丰厚学养理解教材、驾驭教学，从而打造出有深度的历史课堂。试举两例。

其一，商鞅变法有关土地私有制的确立问题。商鞅变法是战国时期最为彻底的变法，对后世影响深远，在中国古代史教学中占有重要地位。因其年代久远，研究资料匮乏，围绕着对其变法的认识，学者莫衷一是。长期以来，我们一直跟学生讲授"商鞅变法确立了土地私有制"，现在倘若还这样讲述，就不妥当了，因为统编教材涉及这部分内容的表述跟以往不同。初中《义务教育教科书·中国历史七年级上册》的表述为："废除井田制，允许土地自由买卖"；① 高中《中外历史纲要》上册的表述为："'废井田，开阡陌'，授田于百姓"。② 不了解学术动态，难以把握统编教材。

商鞅是否确立了土地私有制，关键在于对其"开阡陌"的理解，这也是学者争论的焦点。传统做法是从文字考证入手，集中于对传世文献的"咬文嚼字"；20世纪80年代以来，随着战国时期简牍的出土，通过将地下考古资料与传世文献相印证的二重证据法，这一问题才逐渐清晰起来。经过学者的深入探讨，所谓的"开阡陌"，"实包括了开除毁弃与规划建立两层意思在内。首先一层意思，就是将原来的阡陌挖掉除去。……与废弃原来的阡陌封疆相对应的是设置新的阡陌封疆，这是商鞅'开阡陌'的第二层意思。"③

商鞅是如何设置新的阡陌封疆的？1980年四川青川县郝家坪出土的木牍《更修为田律》提供了一些线索。因为该律是秦武王二年（即公元前309年）丞相甘茂发布的关于田地制度的命令，距离商鞅被杀大约三十年

---

① 齐世荣总主编，瞿林东、叶小兵主编：《义务教育教科书·中国历史七年级上册》，北京：人民教育出版社，2016年版，第35页。

② 张海鹏、徐蓝总主编，张帆、李帆主编：《中外历史纲要》上册，北京：人民教育出版社，2019年版，第11页。

③ 晁福林著：《春秋战国的社会变迁》下册，北京：商务印书馆，2011年版，第591页。

后，故而可以视为秦国在蜀地推行商鞅变革田制的明证。律文提到："更修为田律。田广一步，袤八则为畛。亩二畛，一百（陌）道。百亩为顷，一千（阡）道，道广三步。封，高四尺，大称其高。埒（埒），高尺，下厚二尺。以秋八月，脩封埒（埒），正疆畔，及登千（阡）百（陌）之大草。"见下图（摹本）①：

胡平生认为："正确释读这一段文字的关键是'则'字。前述诸家均将'则'误作为连词，而以为广和袤的单位都是'步'。实际上，'则'在这里是一个量词。我们依据的是阜阳汉简中的有关材料。……其中有一片残简上即有'卅步为则'的记载。……兹将'为田律'所规定的田亩制度

---

① 青川县文物管理所编：《青川郝家坪战国墓木牍的发现与研究》，成都：巴蜀书社，2018年版，插页2。

通释如下：田每宽一步、长八则（二百四十步）为一'畛'（有一条田界）。每亩田有二'畛'，有一条陌道。每一百亩田有一条阡道。陌道和阡道都宽三步。作为地界标志的'封'，高四尺，它的体积大小与高度相称。'埒'高一尺，基底宽二尺。每年秋八月修整封、埒，端正田地的疆界，并且铲除阡、陌等道路上的荒草。"①因此，商鞅改革田制，是将周制每亩宽一步、长百步改为每亩宽一步、长二百四十步。这一说法是目前学术界比较认可的观点。

商鞅之所以要扩大一亩的面积，并将田地授给农民，是要解决《商君书·算地》所谓秦国地广人稀、"山泽财物不为用"的困境，以保证国家赋税的征收。战国时期，接受了国家授田的农民是否完全拥有土地所有权、可以将土地自由买卖，具体情况不得而知。1987年出土于湖北荆门的《包山楚简》记录了一份土地官司，一个名叫番戌的人，因其担任左御之职而得到一块"食田"。他去世后，此田由其子继承，之后由其弟继承，再由其侄继承，此时其侄因欠债而引发土地官司，官府最终判定此田继承权归其侄。"这一事实表明，'食田'可以世代继承，已经是私有的土地。由此可以推测，各国授田制度下面，农民所接受的授田亦与这种'食田'的情况类似，具备了私有土地的性质。"②"开阡陌的作用，旧说以为是彻底破坏了井田制，从此土地自由买卖。而目前的看法是，增加农民耕地的措施，它只能为土地私有的发展创造了条件，并不是承认土地所有权。"③此说较为合理。

其二，秦始皇的避讳问题。网上有一道选择题：

《公羊传》说："春秋为尊者讳，为亲者讳，为贤者讳。"如秦始皇名

---

① 胡平生：《青川墓木牍"为田律"所反映的田亩制度》，参见青川县文物管理所编：《青川郝家坪战国墓木牍的发现与研究》，成都：巴蜀书社，2018年版，第132-134页。
② 晁福林著：《春秋战国的社会变迁》下册，北京：商务印书馆，2011年版，第612页。
③ 周新芳：《近年来井田制研究的新进展》，《烟台师范学院学报（哲社版）》1997年第3期，第48页。

"嬴政",为避讳把"政月"改为"正月",且读平声,这就是今天的"正月"。对这段材料的理解正确的是

①说明秦始皇意气用事

②"政月"改为"正月"是为了维护皇帝的独尊

③避讳是指为了尊重别人而用避开或换用某些字词的方法改变原来正常的称谓

④避讳只存在于中国封建社会

A. ①②③　　B. ②③④　　C. ②③　　D. ①④

题干所言"秦始皇为避讳把'政月'改为'正月',且读平声",值得商榷。

首先,"政月"改"正月"有误。陈垣指出:"政与正本通,始皇以正月生,故名政。"同时引用宋人裴骃《史记集解》及汉人宋忠《世本》注说:"《集解》引徐广曰:'一作正。'宋忠云:'以正月旦生,故名正。'"① 陈垣所言极是。唐宋之人多认为"正"即"政"。例如,为《史记》作注的有三家,除了《史记集解》外,唐人张守节和司马贞亦持相同观点。张守节《史记正义》云:"始皇以正月旦生于赵,因为政。"司马贞《史记索隐》亦曰:"《系本》(即《世本》,避唐太宗李世民之讳而改)作'政',又生于赵,故曰赵政。"② 此外,《说文·攴部》曰:"政,正也。从攴正,正亦声。"③《尚书·微子》有云:"殷其弗或乱正四方",在《史记·宋微子世家》中,司马迁解释为"殷不有治政,不治四方",④ 可见"正"即"政"。由此,秦始皇应叫嬴政(嬴正)或赵政(赵正),他要避讳的话,应该两字都要替代,而不是用"正"来取代"政"。

---

① 陈垣著:《史讳举例》,北京:中华书局,2012年版,第112页。
② [汉]司马迁撰:《史记》第一册,北京:中华书局,1982年版,第224页。
③ [汉]许慎撰,[清]段玉裁注:《说文解字注》,上海:上海古籍出版社,1988年版,第123页。
④ [汉]司马迁撰:《史记》第五册,北京:中华书局,1982年版,第1607页。

事实上,秦始皇是以"端"来代替"正","正月"改为"端月"。陈垣指出,《史记·秦楚之际月表》"端月"注,《索隐》曰:'秦讳正,谓之端。'《琅邪台刻石》曰:'端平法度','端直敦忠',皆以端代正也"[1]。除此之外,《吕氏春秋·情欲》载:"巧佞之近,端直之远。"高诱注云:"巧佞者亲近之,正直者疏远之。"[2]亦是以端代正之证据。更有说服力的是,1975年12在湖北云梦县睡虎地出土了1155支竹简(另残片80片),年代为战国末至秦代,内容有十种,《语书》是其中的一种,根据开头"廿年四月丙戌朔丁亥,南郡守腾谓县、道啬夫",[3]以历朔推算是秦始皇二十年。《语书》中有三处避讳"正"字,改写为"端"字,如"以矫端民心","有(又)能自端殹(也)","毋(无)公端之心"(见图一至图三)。[4]

图一　　图二　　图三

故而,秦始皇应当将"正月"改为"端月"。

其次,正月的"正",是否读为平声,即"征"声。陈垣指出:"避讳改音之说,亦始于唐。……《史记·秦始皇本纪》,《正义》曰:'正音政,

---

[1] 陈垣著:《史讳举例》,北京:中华书局,2012年版,第3页。
[2] 许维遹撰:《吕氏春秋集释》上册,北京:中华书局,2009年版,第44页。
[3] 睡虎地秦墓竹简整理小组编:《睡虎地秦墓竹简》,北京:文物出版社,1990年版,出版说明第1页。
[4] 睡虎地秦墓竹简整理小组编:《睡虎地秦墓竹简》,北京:文物出版社,1990年版,第11页。

周正建子之正也,后以始皇讳,故音征。'宋张世南《游宦纪闻》九,孙奕《示儿编》十一,均为是说。然正本有征音,《诗·齐风》:'猗嗟名兮,美目清兮,终日射侯,不出正兮。'《释文》:'正音征。'《小雅·节南山》,正与平宁为韵,《大雅·云汉》,正与星嬴为韵,其非为秦讳明矣。"① 可见"正"本来就有平声的读法,不存在改音之说。

第三节　中学历史教学"新材料"实践的有意义运用

中学历史教学"新材料"实践的有意义运用,包括两个方面,即从感知到经历和从体验迈向理解。感知,是让学生对史事有个直观了解;经历,是通过营造情境,让学生重回历史现场;体验,是让学生置身于现场中,实地领会历史;理解,是学生通过感受历史,对历史事件和人物做出正确、客观的认识。

中学历史教学"新材料"实践的有意义运用符合《普通高中历史课程标准》(2017年版2020年修订)的"教学建议"要求:"使学习方式通过运用现代信息技术向着以学生为主体的自主学习、合作学习和探究学习转化,实现学生学习的个性化、交互式、拓展性。"② 我们对此作了一些尝试,兹录如下:

课题:"中外历史人物评说"探究活动课——走进陈兰彬
　　湛江市爱周高级中学　赵梅

一、教学目标

(一)了解陈兰彬的生平,掌握他在近代史上的重大活动,培养学生的时空观念核心素养。利用网络、书籍,掌握搜集资料的方法。初步掌握

---

① 陈垣著:《史讳举例》,北京:中华书局,2012年版,第11页。
② 中华人民共和国教育部制定:《普通高中历史课程标准》(2017年版2020年修订),北京:人民教育出版社,2020年版,第56页。

观察历史人物的角度和评价历史人物的原则。

（二）学生利用网络、微信公众号等方式进行资料搜集。通过分析、运用资料阐述观点，初步学会用唯物史观来分析问题、评价人物。培养学生史料实证、历史解释、唯物史观核心素养。通过自主学习、小组合作学习提高学习的主动性和积极性。

（三）通过深入学习，思考陈兰彬波澜起伏的一生中有哪些品质值得我们学习或反思。通过人物沉浮感受晚清时代的沧桑变化，感受历史留给后人的温情，思考陈兰彬对当今时代发展的启示，培养学生家国情怀核心素养。

二、教学重点、难点

重点：历史资料收集方法，评价历史人物的原则和方法。

难点：评价历史人物的原则和方法。

三、教学方法

任务驱动法、讲授法、合作探究法、自主学习法。

四、教学过程设计

（一）课前

1. 自学任务

【教师】布置学生完成任务1：扫二维码，进入微信公众号。

输入网址 https://modernchina.org，认真阅读有关陈兰彬资料。《任务清单》给学生，并查看学情反馈。

【学生】扫二维码，进入微信公众号，阅读有关陈兰彬资料。

【设计意图】通过让学生用微信公众号和互联网查阅资料，培养学生收集分析整理资料的能力，提高学生的信息素养。

【信息技术应用】微信公众号、互联网的应用。

2．自学检测

【教师】通过"学习通"APP发送本课学习任务清单，布置学生完成，收齐进行检查批改。

【学生】通过微信公众号和互联网查阅资料，完成任务清单。

【设计意图】通过完成任务清单，培养学生的自主学习能力。

"学习通"APP使用。

【信息技术应用】

（二）课中

1．问题梳理、合作探究

（1）导入

【教师】陈兰彬，一个从南方小村庄走向京城的清朝翰林，在晚清中国社会转型、社会各方面进行改革的年代，又从京城走向世界。他是一位历览晚清风云，见证政坛变迁，亲历洋务新政兴衰成败的重要人物。他三度走向世界，他的足迹遍及亚洲、欧洲和美洲。今天，就让我们带着探究精神，一同走近陈兰彬，认识陈兰彬。

【学生】聆听教师讲解，简单认识湛江历史名人陈兰彬。

【设计意图】陈兰彬，湛江历史名人，用家乡人物引导学生进行思考，帮助同学们更快地进入课堂状态。

【信息技术应用】利用"雨课堂"播放幻灯片的功能。

（2）第一幕　陈兰彬其人

【教师】展示学生清单任务2：了解陈兰彬的生平，编制陈兰彬活动年表。

问题1：陈兰彬活动年表中你最关注的是什么？并说明理由？

问题2：陈兰彬的活动年表中有哪些事可以反映出当时的国家、时代特征？

【学生】学生展示清单任务 2：陈兰彬活动年表，并思考回答问题。

【设计意图】这一环节的设置，培养学生资料收集分析整理能力、自主学习的能力和时空观念的核心素养。

【信息技术应用】利用"雨课堂"播放幻灯片的功能。

（3）第二幕　我眼中的陈兰彬

【教师】展示清单任务 3：结合网络资料、微信公众号或其他途径，选取陈兰彬一些令你感动、无奈或愤怒的细节，以"我眼中的陈兰彬"为题，写一篇小文章（400-500 字）。

【学生】学生展示清单任务 3：我眼中的陈兰彬

【设计意图】培养学生初步掌握观察历史人物的角度和评价历史人物的原则，培养学生史料实证核心素养。

【信息技术应用】利用"雨课堂"的投稿、投屏功能。

（4）第三幕　功过是非陈兰彬（史学争鸣）

【教师】材料：

学者一：陈兰彬是中国现代化的先驱。

学者二：陈兰彬是社会进步的绊脚石。

学者三：陈兰彬作为中国首任驻美公使，其功过可概括为"有所为"和"难作为"。

请问：你支持哪位学者的观点？并说说你的理由。

【学生】学生投票选择支持哪位学者观点，并思考理由。

【设计意图】通过运用、分析资料阐述观点，初步学会用唯物史观来分析问题、评价人物。培养学生史料实证、历史解释、唯物史观核心素养。

【教师】通过对陈兰彬的学习，你有何收获与感悟？

【学生】思考回答。

【设计意图】归纳总结评价历史人物的基本原则，以及培养学生家国情怀核心素养。

【信息技术应用】利用"雨课堂"的投票、弹幕功能。

2. 课堂巩固、小结：对接高考

【教师】展示 2016 年全国Ⅰ文综·48（15 分）：

材料 随着唐朝的发展，由少数民族将士组成的"蕃兵""蕃将"，成为唐朝开边拓土的重要力量。高丽人高仙芝出身于将门之家，唐玄宗开元后期出任安西副都护，镇守西域。天宝六年（747），高仙芝率一万骑兵，历经艰难险阻，长途奔袭阻断西域商路的小勃律（今克什米尔境内），俘其国王。经此一役，"诸胡七十二国皆震慑降附"。

天宝八年（749），高仙芝以石国（依附于唐朝的西域小国）不守蕃属之礼为由，率军征讨，大肆杀掠，掠得大量金银珠宝，"皆入其家"。石国王子召引大食（阿拉伯帝国）军队进攻唐安西四镇，与高仙芝率领的唐军战于怛逻斯城（在今哈萨克斯坦共和国境内），唐军大败。自此，唐朝在西北疆域的扩展受阻。

——摘编自白寿彝主编《中国通史》

（1）根据材料并结合所学知识，概括高仙芝成为唐朝名将的时代背景。（9分）

（2）根据材料并结合所学知识，评述高仙芝的功过。（6分）

【学生】展示学习成果、并互评。

【设计意图】检验学生本堂课学习成果，培养学生解答全国卷人物题的解题能力。

【信息技术应用】利用"雨课堂"的投稿、投屏功能。

（三）课后

1. 布置下节课任务

【教师】在"学习通"APP 发布下节课的学习任务清单。

【学生】完成"学习通"APP 作业。

【设计意图】通过下节课任务布置，延伸本课内容，提高学生的解题能力。

【信息技术应用】"学习通"APP发布作业功能。

2．教学反思：略

结　语

《吕氏春秋·察今》载："荆人欲袭宋，使人先表澭水。澭水暴益，荆人弗知，循表而夜涉，溺死者千有余人，军惊而坏都舍。向其先表之时可导也，今水已变而益多矣，荆人尚犹循表而导之，此其所以败也。今世之主，法先王之法也，有似于此。其时已与先王之法亏矣，而曰'此先王之法也'而法之。以此为治，岂不悲哉！故治国无法则乱，守法而弗变则悖，悖乱不可以持国。世易时移，变法宜矣。譬之若良医，病万变，药亦万变。病变而药不变，向之寿民，今为殇子矣。故凡举事必循法以动，变法者因时而化，若此论则无过务矣。"① 楚人的惨痛教训，说明了一个道理——世易时移，变法宜矣。

2013年以来，我们的教学出现重大变化，新高考、选课走班，打破固定班级模式；新课程标准的制订颁布，三维目标转向素养立意；高考评价体系出台，提出"一核四层四翼"，突显考试的育人功能；统编教材的编写使用，立意更高，视野更宽；五育并举、全面发展教育方针的提出，要求发展素质教育；双减政策的推进落实，作业设计要求更高，等等。这些重大政策，说明教学改革步伐加快。

改革是潮流，应该迎难而上，争做站在浪尖的时代弄潮儿。首先要全面贯彻党的教育方针，落实立德树人根本任务，发展素质教育，推进教育公平，培养德智体美劳全面发展的社会主义建设者和接班人。其次要加快自身的专业成长。新材料、新情境，对教师的教学提出了更高要求，也对教师自身素养提出了更高要求。只有在掌握大量新材料的前提下，才能设

---

① 许维遹撰：《吕氏春秋集释》下册，北京：中华书局，2009年版，第392页。

计出培养核心素养的教学课例,因此,历史教师需要广泛阅读,寻找适合学生、满足素养养成的新材料。苏东坡在《记黄鲁直语》中说:"士大夫三日不读书,则义理不交于胸中,对镜觉面目可憎,向人亦语言无味。"[①]古人尚且如此,何况我辈。

如何处理新材料与教材之间的关系,把握好其中的度,确保教学目标的实现,达成核心素养的落实,尚存一定难度。司马光曾在嵩山题字曰:"登山有道,徐行则不困,措足于平衡之地则不跌。慎之哉!"[②]只要我们脚踏实地、慢慢摸索,假以时日,这些问题一定会得到解决,何妨吟啸且徐行。

---

① [宋]苏轼著,李之亮笺注:《苏轼文集编年笺注》(诗词附)10,成都:巴蜀书社,2011年版,第109页。

② [宋]司马光著,李之亮笺注:《司马温公集编年笺注》6,成都:巴蜀书社,2009年版,第196页。

参考文献

一、著作类

1．姚淦铭，王燕．王国维文集：第 4 卷 [M]．北京：中国文史出版社，1997．

2．余伟民．学科教育展望丛书·历史教育展望 [M]．上海：华东师范大学出版社，2002．

3．斯塔夫里阿诺斯．全球通史——1500 年以后的世界 [M]．吴象婴，梁赤民，译．上海：上海社会科学院出版社，1999．

4．朱寰．世界上古中古史：下册 [M]．北京：高等教育出版社，2010．

5．王斯德主编，沈坚，金志霖．世界通史 第一编 前工业文明与地域性历史：1500 年以前的世界 [M]．上海：华东师范大学出版社，2001．

6．齐思和，林幼琪，选译．中世纪晚期的西欧 [M]．北京：商务印书馆，1962．

7．耿淡如，黄瑞章，译注．世界中世纪史原始资料选辑 [M]．天津：天津人民出版社，1959．

8．梁启超．中国历史研究法 [M]．北京：东方出版社，1996．

9．白寿彝．史学概论 [M]．北京：中国友谊出版社，2012．

10．傅斯年．傅斯年史学论著 [M]．上海：上海书店出版社，2014．

11．姚太中，程汉大．《史学概论》[M]．北京：东方出版社，1991．

12．黄晖．论衡校释：一 [M]．北京：中华书局，1990．

13．郭沫若．十批判书 [M]．北京：东方出版社，1996．

14．刘芃．刘芃考试文集 [M]．北京：人民教育出版社，2012．

15．顾准．顾准文集[M]．北京：中国市场出版社，2006．

16．李伯重．理论、方法、发展、趋势：中国经济史研究新探[M]．杭州：浙江大学出版社，2012．

17．阮元．十三经注疏：下册[M]．北京：中华书局，1980．

18．焦循．孟子正义：上册[M]．北京：中华书局，1987．

19．杨柳桥．荀子译诂[M]．济南：齐鲁书社，1985．

20．中国社会科学院语言研究所词典编辑室．现代汉语词典：第7版[M]．北京：商务印书馆，2016．

21．辞海编辑委员会．辞海：1979年版缩印本[M]．上海：上海辞书出版社，1980．

22．中华人民共和国教育部．普通高中历史课程标准：2017年版2020年修订[S]．北京：人民教育出版社，2020．

23．陈伟．里耶秦简牍校释：第一卷[M]．武汉：武汉大学出版社，2012．

24．梁启超．中国历史研究法[M]．北京：东方出版社，1994．

25．陈文华．中国农业考古图录[M]．南昌：江西科学技术出版社，1994．

26．上海文物管理委员会．上海考古精萃[M]．上海：上海人民美术出版社，2006．

27．中国历史博物馆群工部．中国历史教学参考图集：上册[M]．上海：上海教育出版社，1983．

28．中国画像石全集编辑委员会．中国画像石全集：第一卷[M]．济南：山东美术出版社，郑州：河南美术出版社，2000．

29．杜佑．通典：一[M]．北京：中华书局，1988．

30．罗振玉．贞松堂集古遗文：下册[M]．北京：北京图书馆出版社，2003．

31．杨树达．积微居金文说：增订本[M]．北京：中华书局，1997．

32．睡虎地秦墓竹简整理小组．睡虎地秦墓竹简[M]．北京：文物出社，1990.

33．司马迁．史记 [M]．北京：中华书局，2014.

34．周卫勇．普通高中新课程的理解与行动 [M]．北京：首都师范大学出版社，2004.

35．郭守田．世界通史资料选辑：中古部分 [M]．北京：商务印书馆，1981.

36．张荫麟．中国史纲 [M]．北京：商务印书馆，2017.

37．《云梦睡虎地秦墓》编写组．云梦睡虎地秦墓 [M]．北京：文物出版社，1981.

38．阿尔德伯特（Aldebert.J.），等．欧洲史 [M]．蔡鸿滨，等，译．海口：海南出版社，2000.

39．教育部考试中心．中国高考评价体系 [M]．北京：人民教育出版社，2019.

40．余文森，洪明，等．课程与教学论 [M]．福州：福建教育出版社，2015.

41．杨向阳．高中历史新课程理念与实施 [M]．海口：海南出版社，2004.

42．刘芃．历史教育测量研究 [M]．北京：人民教育出版社，1999.

43．广东省考试中心．2007年普通高等学校招生全国统一考试（广东卷）历史科考试大纲的说明 [M]．广州：广东高等教育出版社，2006.

44．教育部考试中心．2019年普通高等学校招生全国统一考试大纲的说明·文科 [M]．北京：高等教育出版社，2018.

45．沈兼士．沈兼士学术论文集 [M]．北京：中华书局，1986.

46．程树德．说文稽古篇 [M]．北京：商务印书馆，1957.

47．裘锡圭．文字学概论：修订本 [M]．北京：商务印书馆，2013.

48．唐兰．古文字学导论 [M]．济南：齐鲁书社，1981.

49．赵诚．甲骨文简明词典——卜辞分类读本 [M]．北京：中华书局，1988.

50. 徐中舒. 甲骨文字典：第 3 版 [M]. 成都：四川辞书出版社，2014.

51. 晁福林. 先秦社会形态研究 [M]. 北京：北京师范大学出版社，2003.

52. 中国古文字研究会，中华书局编辑部. 古文字研究：第七辑 [M]. 北京：中华书局，1982.

53. 中国古文字研究会，中华书局编辑部. 古文字研究：第十五辑 [M]. 北京：中华书局，1986.

54. 徐刚. 古文源流考 [M]. 北京：北京大学出版社，2008.

55. 段玉裁. 说文解字注 [M]. 上海：上海古籍出版社，1988.

56. 张富海. 汉人所谓古文之研究 [M]. 北京：线装书局，2007.

57. 强运开. 石鼓释文：上册 [M]. 上海：上海商务印书馆，民国二十四年（1935）.

58. 陈梦家. 西周青铜器断代：下册 [M]. 北京：中华书局，2004.

59. 游子安. 劝化金箴——清代善书研究 [M]. 天津：天津人民出版社，1999.

60. 吕章申. 秦汉文明 [M]. 北京：北京时代华文书局，2017.

61. 张国刚. 唐代藩镇研究：增订版 [M]. 北京：中国人民大学出版社，2009.

62. 黎靖德编，王星贤点校. 朱子语类 [M]. 北京：中华书局，1994.

63. 朱熹. 四书章句集注 [M]. 北京：中华书局，1983.

64. 傅举有，陈松长. 马王堆汉墓文物 [M]. 长沙：湖南出版社，1992.

65. 李零. 中国方术考：修订本 [M]. 北京：东方出版社，2000.

66. 封演撰，赵贞信校注. 封氏闻见记校注 [M]. 北京：中华书局，2005.

67. 彭定求，等. 全唐诗：第一册 [M]. 北京：中华书局，1960.

68. 陈山榜. 颜李学派教育论著选 [M]. 北京：人民教育出版社，2015.

69. 阮元：十三经注疏：下册 [M]. 北京：中华书局，1980.

70. 李宗为. 千家诗 神童诗 续神童诗 [M]. 上海：上海古籍出版社，

1995.

71. 徐新民. 漫画的年轮 [M]. 北京：中国国际广播出版社，2001.

72. 王辉. 中国古代年画 [M]. 北京：商业出版社，2015.

73. 中国历史博物馆. 中国通史陈列 [M]. 北京：朝华出版社，1998.

74. 班固. 汉书 [M]. 颜师古，注. 北京：中华书局，1962.

75. 林继富. 中国民间游戏总汇 [M]. 长沙：湖南文艺出版社，2016.

76. 楼庆西. 中国古建筑二十讲 [M]. 北京：生活·读书·新知三联书店，2001.

77. 尼尔·麦格雷戈. 大英博物馆世界简史：中册 [M]. 余燕，译. 北京：新星出版社，2014.

78. 李学勤. 东周与秦代文明 [M]. 上海：上海人民出版社，2014.

79. 中央庆祝改革开放 40 周年表彰工作领导小组办公室. 改革先锋风采录 [M]. 北京：党建读物出版社，2019.

80. 中共中央文献研究室. 建国以来重要文献选编：第五册 [M]. 北京：中央文献出版社，1993.

81. 盛文林. 击剑——优雅与灵活的运动 [M]. 北京：台海出版社，2014.

82. 于友西，赵亚夫. 中学历史教学法 [M]. 北京：高等教育出版社，2017.

83. 马卫东. 历史教学概论 [M]. 北京：北京师范大学出版社，2010.

84. 苏轼诗集：第三册 [M]. 王文诰，辑注，孔凡礼，点校. 北京：中华书局，1982.

85. 王纲怀. 汉镜铭文图集：上册 [M]. 上海：中西书局，2016.

86. 三曹集 [M]. 宋效永，向焱，点校. 合肥：黄山书社，2018.

87. 房玄龄，等. 晋书：第十册 [M]. 北京：中华书局，1974.

88. 沈括. 梦溪笔谈 [M]. 刘尚荣，点校. 沈阳：辽宁教育出版社，1997.

89. 杰拉尔德·豪厄特. 世界历史词典：简本 [M]. 北京：商务印书馆，

1988.

90．保罗·布鲁尔．欧洲帝国探险家 [M]．马宏伟，译．济南：山东画报出版社，2002.

91．何顺果．美国史通论 [M]．上海：学林出版社，2001.

92．刘绪贻，杨生茂总主编，李剑鸣．美国通史：第Ⅰ卷 [M]．北京：人民出版社，2008.

93．陈独秀，李大钊，瞿秋白．新青年：第一卷 [M]．北京：中国书店，2011.

94．陈独秀．独秀文存 论文：上册 [M]．北京：首都经济贸易大学出版社，2018.

95．黄锡全．先秦货币通论 [M]．北京：紫禁城出版社，2001.

96．汪圣铎．中国钱币史话 [M]．北京：中华书局，1998.

97．宋杰．中国货币发展史 [M]．北京：首都师范大学出版社，1999.

98．张光直．中国青铜时代 [M]．北京：生活·读书·新知三联书店，1999.

99．湖南省文物考古研究所．里耶秦简：壹 [M]．北京：文物出版社，2012.

100．陈伟．里耶秦简校释：第一卷 [M]．武汉：武汉大学出版社，2012.

101．故宫博物院．唐兰先生金文论集 [M]．北京：紫禁城出版社，1995.

102．王先谦．荀子集解：下册 [M]．沈啸寰，王星贤，点校．北京：中华书局，1988.

103．张占民，程学华．秦陵文物精华 [M]．西安：陕西人民美术出版社，2000.

104．北京大学出土文献研究所．北京大学藏西汉竹书：叁（下册）[M]．上海：上海古籍出版社，2015.

105．辛德勇．生死秦始皇 [M]．北京：中华书局，2019.

106．季旭昇．说文新证[M]．福州：福建人民出版社，2010．

107．黄甫全．现代课程与教学论：第3版[M]．北京：人民教育出版社，2014．

108．杨秀治．教育学[M]．济南：山东大学出版社，2007．

109．马克·布洛赫．为历史学辩护[M]．张和声，程郁，译，北京：中国人民大学出版社，2006．

110．曼弗雷德·库恩．康德传[M]．黄添盛，译．上海：上海人民出版社，2008．

111．中国国家博物馆．中华文明：古代中国文物陈列精萃[M]．北京：中国社会科学出版社，2010．

112．瓦·阿·苏霍姆林斯基．给教师的建议：修订本[M]．杜殿坤，编译．北京：教育科学出版社，1984．

113．夏晓虹．追忆康有为[M]．北京：生活·读书·新知三联书店，2009．

114．布鲁纳．布鲁纳教育论著选[M]．邵瑞珍，等，译．北京：人民教育出版社，1989．

115．Jack Richards，John Platt，Heidi Weber：Longman Dictionary of Applied Linguistics，Longman Publishing Group，Burnt Mill，Harlow，Essex CM20 2JE，England，1985．

116．Edmund Valtman，Valtman：The Editorial Cartoons of Edmund S.Valtman，1961-1991.Baltimore，MD：Esto，Inc.1991．

117．Robert Maynard Hutchins，editor in chief：Great Books Of The Western World Volume 6.Herodotus Thucydides.Chicago IL：Encyclopedia Britannica，Inc.1952．

118．修昔底德．伯罗奔尼撒战争史[M]．谢德风，译．北京：商务印书馆，2018．

119．中国历史博物馆．简明中国文物辞典[M]．福州：福建人民出版社，1991．

120. 陕西省博物馆藏宝录编辑委员会. 陕西省博物馆藏宝录[M]. 上海：上海文艺出版社，香港：三联书店（香港）有限公司，1995.

121. 许维遹. 吕氏春秋集释[M]. 北京：中华书局，2009.

122. 梁实秋. 人间况味[M]. 天津：天津人民出版社，2019.

123. Judge.[Image].In HathiTrust Digital Library. Retrieved from https:// babel.hathitrust.org/cgi/pt?id=iau.31858045778481&view=1up&seq=351&skin=2021

124. 陈炜湛. 古文字趣谈[M]. 上海：上海古籍出版社，2005.

125. 杨宽. 西周史[M]. 上海：上海人民出版社，2003.

126. 谷衍奎. 汉字源流字典[M]. 北京：语文出版社，2008.

127. 王静. 祠堂中的宗亲神主[M]. 重庆：重庆出版社，2008.

128. 王国维. 观堂集林：第二册[M]. 北京：中华书局，1959.

129. 叶正渤.《殷墟书契后编》考释[M]. 北京：商务印书馆，2019.

130. 张政烺. 张政烺文史论集[M]. 北京：中华书局，2004.

131. 白寿彝总主编，徐喜辰，等. 中国通史：第三卷[M]. 上海：上海人民出版社，1994.

132. 胡厚宣. 甲骨文合集释文[M]. 北京：中国社会科学出版社，1999.

133. 胡厚宣，胡振宇. 殷商史[M]. 上海：上海人民出版社，2003.

134. 河北省文物研究所. 藁城台西商代遗址[M]. 北京：文物出版社，1985.

135. 王玉哲. 中华远古史[M]. 上海：上海人民出版社，2000.

136. 晁福林. 夏商西周社会史[M]. 北京：北京师范大学出版社，2010.

137. 郑樵撰，王树民. 通志二十略：上册[M]. 北京：中华书局，1995.

138. 容庚. 金文编[M]. 北京：中华书局，1985.

139. 卢彦泓. 中华姓氏通史·陈姓[M]. 北京：东方出版社，2002.

140．许嘉璐．二十四史全译·史记：第一册[M].上海：汉语大词典出版社，2004.

141．何成刚，张汉林，沈为慧．史料教学案例设计解析[M].北京：北京师范大学出版社，2016.

142．世本八种[M].宋衷，注，秦嘉谟，等，辑．北京：中华书局，2008.

143．胡文经．胡姓的源与流[M].北京：线装书局，2011.

144．赵毅，赵轶峰．中国古代史：上册[M].北京：高等教育出版社，2010.

145．刘昫，等．旧唐书：第十六册[M].北京：中华书局，1975.

146．中华书局编辑部．全唐诗：增订本，北京：中华书局，1999.

147．李白著，郁贤皓，注评．李白全集注评：下册[M].南京：凤凰出版社，2018.

148．余文森．核心素养导向的课堂教学[M].上海：上海教育出版社，2017.

149．聂幼犁．历史课程与教学论[M].杭州：浙江教育出版社，2003.

150．吕思勉．两晋南北朝史[M].上海：上海古籍出版社，1983.

151．王旭东．史学理论与方法[M].合肥：安徽大学出版社，1998.

152．逯钦立，辑校．先秦汉魏晋南北朝诗：上册[M].北京：中华书局，1983.

153．彭□．续墨客挥犀[M].孔凡礼，点校．北京：中华书局，2002.

154．中国硅酸盐学会．中国陶瓷史[M].北京：文物出版社，1982.

155．脱脱，等．宋史[M].北京：中华书局，1977.

156．沈约．宋书：第五册[M].北京：中华书局，1974.

157．陈正祥．中国历史·文化地理图册[M].东京：原书房，1982.

158．梁克家，修纂．三山志[M].福州：海风出版社，2000.

159．苏轼．苏轼文集：第一册[M].孔凡礼，点校．北京：中华书局，1986.

160．晁福林．春秋战国的社会变迁：下册 [M]．北京：商务印书馆，2011．

161．青川县文物管理所．青川郝家坪战国墓木牍的发现与研究 [M]．成都：巴蜀书社，2018．

162．陈垣．史讳举例 [M]．北京：中华书局，2012．

163．睡虎地秦墓竹简整理小组．睡虎地秦墓竹简 [M]．北京：文物出版社，1990．

164．李稚勇．历史教育学新论 [M]．北京：人民教育出版社，2010．

165．王铎全，李稚勇．比较历史教育学 [M]．上海：上海教育出版社，1995．

166．李稚勇，周仕德，陈新民．中外历史教育比较研究 [M]．长春：长春出版社，2012．

167．赵亚夫．国外历史课程标准评介 [M]．北京：人民教育出版社，2005．

168．周仕德．新编课程与教学论 [M]．北京：中国人民大学出版社，2015．

二、文章类

1．吴朝阳．美国历史教学特点初探——以《George Washington》教学设计为例 [J]．中学历史教学，2006，(1-2)．

2．王德民．中美历史教学的学科素养关注点差异分析与启示 [J]．全球教育展望，2015(8)．

3．蒂姆·洛马斯．论史料教学 [J]．叶小兵，译．历史教学，1998(2)．

4．赵璐璐．资本主义萌芽研究与《中国革命和中国共产党》——"马克思主义史观与中国道路"之三 [J]．博览群书，2018(5)．

5．张汉林．在历史教学中发现"人" [J]．教育学报，2016(2)．

6．上海博物馆考古研究部．上海松江区广富林遗址 2001－2005 年发掘简报 [J]．考古，2008(8)．

7. 上海市文物保管委员会. 上海松江县汤庙村遗址 [J]. 考古, 1985 (7).

8. 浙江省文物考古研究所, 平湖市博物馆. 浙江平湖市庄桥坟良渚文化遗址及墓地 [J]. 考古, 2005 (7).

9. 冯一下. 要慎重地选择和使用图像——商鞅变法教学反思 [J]. 中学历史教学参考, 2006 (7).

10. 陈昌远. 商鞅"开阡陌"辨 [J]. 农业考古, 1986 (1).

11. 刘汝明. 材料选用"既重要又有趣"的实践性思考——读张元教授《一课时讲完隋唐史的实验》有感 [J]. 历史教学, 2009 (7).

12. 张元. 从"唐太宗帅不帅"谈学历史的"感觉" [J]. 历史教学, 2011 (10).

13. 徐奉先. 恢复高考40年历史学科考试命题评述 [J]. 中国考试, 2017 (10).

14. 国家教委考试命题中心.1993年高考历史试卷评价报告 [J]. 中学历史教学参考, 1994 (3).

15. 杨红丽. 核心素养背景下的历史学科区域命题探索和教学反思——以新情境下的问题解决为例 [J]. 中国考试, 2019 (8).

16. 孙海波. 卜辞文字小记 [J]. 考古：社刊, 1935 (3).

17. 傅升歧. 周原发现师同鼎 [J]. 文物, 1982 (12).

18. 李学勤. 师同鼎试探》[J]. 文物, 1983 (6).

19. 黄牧航. 历史科高考命题中运用学术研究新成果初探——基于2007-2013年高考历史试题的统计分析 [J]. 历史教学, 2014 (1).

20. 四川省文物管理委员会. 在四川德阳县收集的汉画像砖 [J]. 文物参考资料, 1956 (7).

21. 于豪亮. 祭祀灵星的舞蹈的画像砖的说明 [J]. 考古通讯, 1958 (6).

22. 罗伟先. 对"收获播种"画像砖的再探索 [J]. 四川文物, 1988 (3).

23. 教育部考试中心. 深化考试内容改革 凸显学科育人功能——2019年高考历史试题评析 [J]. 中国考试，2019（7）.

24. 徐奉先，刘芃. 新课程标准背景下的开放性试题开发 [J]. 历史教学：上半月刊，2021（1）.

25. 徐奉先. 基于高考评价体系的历史科考试内容改革实施路径 [J]. 中国考试，2019（12）.

26. 马婕妤. 英国工业革命期间的休闲生活 [D]. 云南师范大学硕士学位论文，2007.

27. 韩莉莉. 建国初期《人民日报》对社会主义劳动观的宣传研究 [D]. 南昌航空大学硕士学位论文，2015.

28. 刘心健，陈自经. 山东苍山发现东汉永初纪年铁刀 [J]. 文物，1974（12）.

29. 四川省博物馆，青川县文化馆. 青川县出土秦更修田律木牍——四川青川县战国墓发掘简报 [J]. 文物，1982（1）.

30. 徐蓝. 历史核心素养统领下统编高中历史教科书的编写 [J]. 课程·教材·教法，2019（9）.

31. 徐蓝，方美玲. 核心素养统领教材的编写和使用——徐蓝先生访谈录 [J]. 历史教学：上半月刊，2019（10）.

32. 李卿. 铭记英雄 学习英雄——统编高中历史教科书中关于英雄人物的记述 [J]. 中小学教材教学，2019（10）.

33. 姜铁军，摘. 特级战斗英雄——杨根思 [J]. 解放军报，2006（3）.

34. 齐木德道尔吉，高建国. 蒙古国《封燕然山铭》摩崖调查记 [J]. 文史知识，2017（12）.

35. 黄家祥. 四川青川县出土九年吕不韦戈考 [J]. 文物，1992（11）.

36. 张占民. 试论秦兵器铸造管理制度 [J]. 文博，1985（6）.

37. 朱凤瀚，韩巍，陈侃理. 北京大学藏西汉竹书概说 [J]. 文物，2011（6）.

38. 赵化成. 北大藏西汉竹书《赵正书》简说 [J]. 文物，2011（6）.

39．何成刚，沈为慧，陈伟壁．历史教学中时序观念的培养[J]．历史教学：中学版，2012（1）．

40．陈昂．历史的回响——"商鞅变法：强国之道的再省思"一课的再省思[J]．中学历史教学参考，2017（9）．

41．陈伟国．高中历史新课程教学札记（六）启蒙运动[J]．中学历史教学，2009（3）．

42．叶小兵．钻研新教材，用好新教材——统编高中历史必修教材使用的若干建议[J]．历史教学：上半月刊，2020（8）．

43．广东省教育考试院．传承人类文明 创新情境创设 凸显核心功能——2020年广东省初中学业水平考试历史试题评析[J]．广东教育，2020年增刊．

44．教育部考试中心．知史爱国 读史明智——2020年高考历史全国卷试题评析[J]．中国考试，2020（8）．

45．闫露．双语教育的概念界定、实施模式和分析框架[J]．中小学英语教学与研究，2002（2）．

46．贺雪斐．对高中世界历史双语教学的思考、实践和探索[J]．历史教学问题，2002（4）．

47．石国鹏．历史教学中英文网络资源的利用[J]．历史教学：中学版，2007（1）．

48．李玉，汪美良．历史教学仅仅有趣是不够的[J]．中学历史教学，2012（12）．

49．叶玉森．研契枝谭：手写石印本[J]．学衡，1924（31）．

50．胡厚宣．殷代的蚕桑和丝织[J]．文物，1972（11）．

51．聂幼犁．中学历史教学评价的理论与实践：一[J]．中学历史教学参考，2003（9）．

52．林德田．基于历史学科核心素养的课堂教学评价初探[J]．历史教学：上半月刊，2018（12）．

53．张静．新课程下中学历史学科学业评价初探[J]．历史教学，2004

（9）.

54．周仕德．建国以来我国基础教育历史教学评价之嬗变[J]．教育测量与评价：理论版，2008（11）．

55．孙思白．试论历史与现实的联系与区别[J]．历史研究，1982（6）．

56．郭华．深度学习及其意义[J]．课程·教材·教法，2016（11）．

57．崔友兴．基于核心素养培育的深度学习[J]．课程·教材·教法，2019（2）．

58．慕彦瑾，段金菊．基于认知心理学理论的深度学习设计研究[J]．内蒙古师范大学学报：教育科学版，2012（7）．

59．中华人民共和国教育部．教育部关于加强初中学业水平考试命题工作的意见[J]．中华人民共和国国务院公报，2020（8）．

60．唐兆梅．宋代东南地区农业生产的飞速发展与统治者的变革措施[J]．农业考古，1990（2）．

61．李晓风．关于中学历史教师的历史学科专业素养[J]．历史教学：上半月刊，2017（12）．

62．周新芳．近年来井田制研究的新进展[J]．烟台师范学院学报：哲社版，1997（3）．

63．张菊，郭永峰．深度学习研究综述[J]．教学研究，2021（3）．

后 记

1922年8月6日,国学大师梁启超在南京国立东南大学为暑期学校学员讲演,题目为《学问之趣味》,他说:"学问的趣味,是怎么一回事呢?这句话我不能回答。凡趣味总要自己领略,自己未曾领略得到时,旁人没有法子告诉你。佛典说的:'如人饮水,冷暖自知。'"的确,任何事情,唯有自己亲身经历过,才能体会个中滋味。

《吕氏春秋·诬徒》载:"达师之教也,使弟子安焉、乐焉、休焉、游焉、肃焉、严焉。此六者得于学,则邪辟之道塞矣,理义之术胜矣。""达师"即是我追求的目标,做到教学的从容不迫,让学生以学习为享受。如何方能成为"达师"?答案唯有教学研究,通过教研提升专业素养,才能成为"达师"。但是,适合自己的教研方向却苦寻未得,直至2008年3月。此月7-8日,"广东省2008年高中历史教学评价研讨会"在广州华泰宾馆举行。自赴粤任教以来,这是第一次在省城参加高考研讨会。与会期间,与"新材料"结缘,如获至宝,正所谓:"众里寻他千百度,蓦然回首,那人却在灯火阑珊处。"

省城参会回来,即接市教研室通知,参加命制市二模。有幸首次参与命题,不敢怠慢,尝试原创了一些"新材料"试题。较为满意的,是第8题:

8. 近代中国曾经多次遭到日本的侵略,下图是中国人民抵制日货的宣传画,根据图中信息判断其出现的时间是

抵制日货的宣传品

A．甲午中日战争期间

B．第一次世界大战期间

C．抗日战争期间

D．八国联军侵华期间

恰巧，当年广东高考第 11 题也考查了"五色旗"：

11."人间处处倡民主，天上谁人奉玉皇。一朵红云旗五色，惊传飞艇上天堂。"这一情景最早可能出现于

A．戊戌维新时期

B．辛亥革命时期

C．新文化运动时期

D．抗日战争时期

这两题选项内容不同，但解题关键均为"五色旗"，只不过高考题采用文字形式表达（"旗五色"），湛江二模题是图片形式表达。初尝收获，更让我坚定走"新材料"之路。学生的反映证明此路值得勇往直前。2011届湛江市文科第一名孙雨萱同学说历史课与众不同，是对她影响最大的两个科目之一；2014届黄稚鉴等同学曾作《历史教师印象记》，其中有云："于堂上魅力四射。谈吐云淡风轻，笑谈古今兴衰，妙趣解读奇闻故事，幽默风趣，庄谐并出，口若悬河，引人深思。"此语过于溢美，但"引人沉思"不失为"新材料"教学之最好评价。

本书是笔者有关"新材料、新情境"十余年的一些思考，部分内容曾发表于《历史教学·上半月刊》《中学历史教学参考》《中学历史教学》等期刊，此次出书，更正了之前的一些讹误，并重新改写了少数地方。出于

行文方便，文中涉及的先贤大师、专家学者，一律未加敬称，只称其名。我内心对他们尊崇备至，若有得罪之处，敬请宽恕。

教研是修行，诚如《吕氏春秋·观世》所云："譬之若登山，登山者，处已高矣，左右视，尚巍巍焉山在其上。"在这条漫漫长路上下求索，幸得诸多师友相助，与志趣相投者同行，实乃人生一大乐趣。在此，一并致谢。感谢赣南师范大学林晓平教授，他的谆谆教诲，时刻鞭策着我。感谢我的硕士导师——北京师范大学晁福林教授，他严格的学术要求和训练，极大开拓了我的学术视野，培养了我的文本表达能力，更在做人方面对我产生了深远影响。感谢汕头大学周仕德教授，不辞辛劳帮助构建了此书的章节，与他的探讨充满愉快，他是书稿成形的引擎，保证它向前推进。感谢岭南师范学院王林发教授，不断鼓励我前行，并对此书的出版给予大力支持。感谢北师大同窗——昭通学院唐靖教授和首都师范大学张天虹副教授，他们见多识广，提供了不少参考书籍。感谢东北师范大学张利军副教授，他是我的同门，涉及相关专业问题，得到他热情指导。感谢湛江市二中海东中学陈婷老师、湛江市第二中学陈丽娜老师和湛江市爱周高级中学赵梅老师，愿意毫无保留地与我分享她们的课例，使此书得以充实。感谢徐闻县第一中学欧远强老师、湛江市第二中学行心明老师，他们的原创试题为此书增色不少。感谢2014届林柏耀同学，2017届李卓蕙、梁芃粤同学及2020届金怡兰同学，尽力帮助我搜集论文、查阅专著，此书的不少注释出处得益于他们的辛勤汗水。梁芃粤还解决了一些关键问题，书中吸取了他的建设性意见。感谢其他帮助过我的师友，未能一一列举，你们的关爱时常感动着我。特别感谢我的家人，你们的宽容和支持，让我原想拥有一缕春风，却拥有了整个春天。

历史往往走着奇怪的道路，感谢历史教学给我带来的快乐。从古代到现代，从中国到世界，探寻历史秘境，从不乏味，令人惊喜不断，诚如北宋王安石《游褒禅山记》所言："入之愈深，其进愈难，而其见愈奇。"奇迹，在教研路上……